人生緣何不快樂，只因未讀蘇東坡

# 我只是個有趣的凡人 蘇東坡

紀雲裳——著

他樂天知命，他哲學而有趣，他被笑稱「一肚皮不合時宜」。那卻是凡間裡的不凡，成就了曠世裡的奇才——



「中國文人中，蘇東坡

# 目錄

## 第一章：詩意盎然的年少時光



## 第二章：鋒芒畢露的青年心性

## 第五章：自有蒼穹的元氣老僧

# 第一章：詩意盎然的年少時光

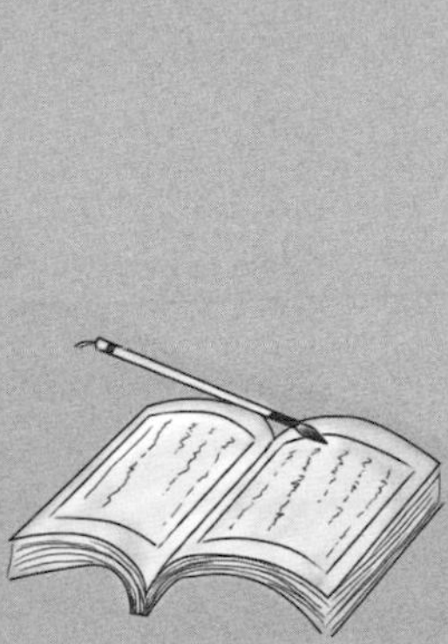

# 有趣的靈魂，源自童年的饋贈

馬夢得與我同年同月生，也是個魔羯座，年紀只比我小八天。據我觀察，咱們魔羯座都是命苦的人。但如果讓我們兩個來比誰更命苦的話，那夢得要稱天下第二，我都不敢稱天下第一。

在西蜀眉山境內，有一條岷江的支流，名字叫做玻璃江，江水在春夏季節因雨水沖洗山脈而變得濁黃似土，秋冬季節則澄瑩如玉，碧波幽柔，兩岸青山相對而出，山下就是風光秀麗的眉山小城。

蘇東坡有詩句「吾家蜀江上，江水綠如藍」，寫的就是這條玻璃江，江邊不遠處有一座蘇家老宅，那裡蓮葉田田，竹林幽深，就是他出生的地方。

眉山當地有一個傳說——蘇東坡出生的那一年，境內的彭老山無故草木枯萎，百花凋落，山水靈氣盡失，一直到六十多年後，蘇東坡離世之時，方才山色復青。

傳說大多是民間編撰的，但也足以看出世人對蘇東坡的喜愛，言下之意，無非是說蘇東坡乃不世出之英才，讓一方山水為之失色。

宋仁宗景祐三年十二月十九日（西元一〇三七年一月八日），蘇東坡出生了，準確地說，那個時候的他還叫蘇軾。

小男嬰的到來讓他的父親蘇洵大喜過望，他趕緊到廳堂的張果老畫像前拜了又拜，感謝張仙人眷顧，讓他在結婚多年後，終於有了一個兒子。

關於兒子的名字，蘇洵還專門寫了一篇〈名二子說〉來解釋：「軾」，本義為車前當作扶手的橫木，雖不是最為重要的部分，但如果少了這根橫木，車子就不再完整。第二個兒子「蘇轍」的「轍」也跟車子有關，指的是車輪留下的痕跡，對於車子而言，痕跡沒有功勞，但萬一車子遭遇不測，只有痕跡不會受到牽連。

另外，人們通常在駕車時會迎風扶軾，高瞻遠矚，也會依轍回首，思索經由，蘇洵又給大兒子取字「子瞻」，給小兒子取字「子由」，寄望兒子們長大後能夠有志向，有作為，同時希望他們含蓄內斂，能在福禍之間懂得保全。

對於這一點，蘇洵就像天下許多的父親一樣，試圖用取名的方式，在孩子的身上播下命運的種子。

當然，從作為方面來說，很值得欣慰，蘇洵成功了，多年後，他和兩個兒子並稱「三蘇」，其人名揚天下，其文流傳千古，帶給蘇氏一脈綿綿福蔭與榮耀……但從個性方面來看，還是有那麼一些遺憾，那就是蘇東坡終其一生都疏狂不羈，傲骨錚錚，從不知內斂和保全為何物，因此坎坷半世，顛沛無常，為朝堂政權所不容，被自身鋒芒所誤所傷。

然而，單從命理的角度來說，蘇東坡個人倒是更願意相信自己的星座。

當有一天，他經歷了仕途的雲譎波詭，感受了世事的載沉載浮，一個人好不容易從牢獄裡撿回一條命，站在黃州的土地上仰望星空時，也忍不住在自己的日記本上唏噓一筆：韓愈是魔羯座，我也是魔羯座，我們平生都遭遇過誹謗攻擊，也收獲過尊重讚譽，想想真是福禍相依，同病相憐啊！

退之詩云：「我生之辰，月宿直斗。」乃知退之磨羯（魔羯）為身宮，而僕乃以磨羯為命，平生多得謗譽，殆是同病也。

——《東坡志林．退之平生多得謗譽》

那個時候的他，自然還不知道有一天會與韓愈一起名列「唐宋八大家」，如果他有預知未來的能力，想必會很高興，可以與偶像及家人站在同一個梯隊裡。

不過，當時的他很快就想開了，又寫了一則日記：對了，那馬夢得與我同年同月生，也是個魔羯座，年紀只比我小八天。據我觀察，咱們魔羯座都是命苦的人，而在這些人裡面，我和夢得還是最最命苦的，但如果讓我們兩個來比誰更命苦的話，那夢得要稱天下第一，我都不敢稱天下第一。

馬夢得與僕同歲月生，少僕八日。是歲生者，無富貴人，而僕與夢得為窮之冠。即吾二人而觀之，當推夢得為首。

——《東坡志林．馬夢得同歲》

於是一覺醒來後，他又可以樂呵呵地到東坡墾荒種地去了……

蘇東坡喜歡韓愈，也喜歡白居易，而且韓愈和白居易都曾痴迷於丹藥，不同的是，韓愈追求的是服用的效果，白居易鍾情的只有製作的過程。

在黃州時，蘇東坡也嘗試過煉丹，其間，他想起了白居易，便在日記本的另一頁寫道：白居易建了一座廬山草堂，原來也是用來煉丹的，快要成功的時候，丹爐卻壞了！

但第二天，皇帝的聘書就到了。可見，做官與歸隱這兩件事不可兼得啊！我有辭職的想法很久了，可惜總是沒法實現，大概也是因為我工作比較出色，呵呵。不過如今真的是一敗塗地了！《尚書》裡說：「心懷夢想的人啊，老天爺一定會想著你。」我算是信了，這都是有徵兆的，真的！

樂天作廬山草堂，蓋亦燒丹也，欲成而爐鼎敗。來日，忠州刺史除書到。乃知世間、出世間事，不兩立也。僕有此志久矣，而終無成者，亦以世間事未敗故也，今日真敗矣。《書》曰：「民之所欲，天必從之。」信而有徵。

——《東坡志林．樂天燒丹》

白居易一生奉行「窮則獨善其身，達則兼濟天下」的人生信條，蘇東坡也是心有戚戚焉，但既然不能在朝堂之上濟天下，那就在流放之地善其身，慰其心吧。

咦？這麼一琢磨，日子橫豎都有盼頭了呢？

可不是嗎，命運這事，有人選擇抱怨，有人選擇妥協，而他卻可以拿來戲謔和自嘲。不過竊以為，蘇東坡天真豁達的個性，除了來自面對命運打擊不斷強化的過招拆招的能力之外，很大一部分是來源於家族的基因以及成長的饋贈。

蘇東坡的祖父蘇序就是一個「疏達不羈」的人。

蘇序雖讀書甚少，但氣量甚偉，酒量也不錯，且樂善好施、疾惡如仇、天真淳樸，渾身帶著俠氣。

蘇東坡出生時，蘇序已年過六旬，但他心寬體健，活得朝氣蓬勃。在蘇東坡的記憶中，祖父經常帶著美酒到田野中去，席地而坐，呼朋喚友，上至達官貴人，下至販夫走卒，或小酌暢談，或高歌痛飲，盡情享受人生光陰。

當年，蘇東坡一家還住在鄉下，擁有一大片農田。但蘇序不像其他鄉鄰一樣在田裡種植稻穀，而是全部種粟，更以稻穀換取別人家的粟，再將所有的粟用大倉儲存起來，一年又一年，總共存了四千石（宋代一石約等於六十公斤）。後來人們才知道，蘇序那樣做是為了預防饑荒，因為粟比稻穀更利於貯藏。不久後，饑荒真的到來了，那時蘇序便打開了大倉，將粟免費分給親友與窮人，讓眉山人成功避過了老天爺布下的劫難。

眉山原來有一座大廟，村民們因懼怕廟中神像，經常出錢祈求平安。蘇序看不慣，便乘著醉意帶人將神像砸得稀爛，又拆了廟宇。而他不僅沒有遭受一點災禍，三年後，他的兒子還中了進士。

那一天，蘇序正在外面喝酒吃肉，正酩酊大醉之際，突然傳來喜訊，他的二兒子蘇渙高中進士了。同時考中的還有他姻親程家的孩子。程家是大戶，準備大宴賓客，蘇序卻什麼都沒有準備。蘇渙知道父親的性格，便派人給父親送來了官帽、官袍、手笏、交椅、茶壺。蘇序很開心，矇矓著醉眼向朋友們宣讀了文書，然後將文書和官帽、官袍等物一齊塞進布囊，手中的牛肉也塞進布囊，令一村童背著，跟在他身後，他自己則醉醺醺地騎著毛驢向城裡去，頭上還戴著一頂小瓜帽，路人見狀，都覺得這小老頭兒太滑稽了。程家人也看到了，他們感覺很沒面子。但蘇東坡不以為然，中年時，他和他的學生們談起祖父的故事，聲稱但凡有見識的人都會明白，他祖父身上那種不可多得的品質。

祖父所有的美好品質都在蘇東坡身上得到了傳承——「無一事不快樂」、「表裡洞達，豁然偉人也」、「性簡易，無威儀，薄於為己而厚於為人，與人交，無貴賤皆得其歡心」……

讀蘇東坡的日記就會發現，他的可愛，比之祖父，更是有過之而無不及，他在患上眼疾時寫道：我得了紅眼病，有人說，你不能吃切得很細的魚和肉。我倒是想這麼做來著，而我的嘴巴不願意啊！我的嘴巴說：「我是你的嘴巴，他是你的眼睛，你可不能厚此薄彼啊，因為他得了病，就不讓我吃東西，那也太不厚道了。」你看你看，我也是沒辦法了。

余患赤目，或言不可食膾。余欲聽之，而口不可，曰：我與子為口，彼與子為眼，彼何厚，我何薄？以彼患而廢我食，不可。

——《東坡志林．子瞻患赤眼》

的確，不管是得意還是落魄，蘇東坡都不會辜負自己的嘴巴。

被貶惠州時，因為沒有錢買羊肉吃，他就去買廉價的羊脊骨——沒錯，他就是「羊蠍子」的創始人。

羊脊骨買回家後，先用水煮透，再澆酒，撒鹽，然後用炭火炙烤，細細翻動，伴隨著吱吱作響的聲音，待骨肉微焦，香氣四溢的時候就可以開吃了……那滋味，自然是要寫信跟弟弟炫耀一下：子由你這三年吃的是公款大餐，生活滋潤，吃飯時滿滿的肉一口咬下去，已經看不到骨頭，又怎麼能品嘗到這等世間美味呢？好在被我發現了。所以就給你寫了封信，開玩笑歸開玩笑，祕方卻是真的實用，你要不要試試看？只是有點不好意思，我每次都忍不住把骨頭上的肉啃光光，身邊那幾隻狗就沒什麼好臉色給我看了！

子由三年食堂庖，所食芻豢，沒齒而不得骨，豈復知此味乎？戲書此紙遺之，雖戲語，實可施用也。然此說行，則眾狗不悅矣。

另外，蘇東坡的朋友韓宗儒也好羊肉。

有一段時間，他經常給蘇東坡寫信，問這問那，來往信件越來越頻繁。

後來終於有人告訴蘇東坡：「東晉的時候，王羲之用字和道士換鵝，現在，你的字也被人拿去換羊肉了！」

蘇東坡聽後卻開懷大笑，他自己都不知道，原來短短的一封回信，可以在大城市換羊肉十幾斤。

不久後，韓宗儒又饞羊肉了，便讓僕人送信來，還催促蘇東坡盡快回信。

蘇東坡那天正好忙得很，沒空回信，就告訴送信的僕人：「你回去說，今天屠戶休息，沒肉吃了。」

這樣的回覆，真的很「蘇東坡」……

也難怪蘇轍要說他「見天下無一不好人」，果然是無可救藥的樂天派啊！

而相比祖父蘇序，蘇東坡的父親蘇洵的性格則要沉穩得多。

「蘇老泉[1]，二十七，始發憤，讀書籍」，《三字經》裡的「蘇老泉」就是蘇洵。

蘇洵自小為人聰明，辯智過人，不過在二十七歲之前都沒有認真讀過書，人稱「終日嬉遊，不知有生死之悲」。一直到他的哥哥蘇渙和程家的小舅子一起考中進士，兒子蘇軾出生，他才開始立志苦讀，後來雖未考取任何功名，但做為一代散文大家，他顯然比他的哥哥和姻親都更有名望。

所以算起來，父親蘇洵應該是蘇東坡的啟蒙老師。

在蘇東坡的童年記憶裡，學習方面，父親是非常嚴厲的，他從不敢有絲毫懈怠，「夜夢嬉戲童子如，父師檢責驚走書」，晚年時，他還常夢見父親給他布置功課的情景，從諸子百家到史傳，在父親嚴格有方的引導督促下，他十歲就能寫出讓老師驚嘆的詩文：

「人能碎千金之璧，不能無失聲於破釜，能搏猛虎，不能無變色於蜂蠆……」

1 蘇老泉：有明清學者提出「老泉」實為蘇東坡之號，乃南宋時期誤將老泉以為是蘇洵，並將其寫入《三字經》之中，而《三字經》中的「蘇老泉」確實指的是蘇洵。

意為一個人可以像藺相如一樣手持和氏璧與強權抗爭，也可以在打破一口鍋的情況下失聲尖叫，一個人可以與猛虎搏鬥，也可以被野蜂、毒蟲嚇得驚慌失措。可見，有沒有思想準備非常重要。

才華之餘，辯智與機鋒，已然顯現。

在藝術方面，蘇洵則喜歡彈琴，收藏古玩，有著一切文人的雅好。而身為藝術全才的蘇東坡，就是在這樣的環境裡長大，耳濡目染之下，也對藝術產生了濃厚的興趣，以至於多年之後，他看淡了浮名虛利，只想歸去做一風月閒人，「對一張琴、一壺酒、一溪雲」。

蘇東坡的母親程夫人出身眉山望族，自幼飽讀詩書，性情溫良賢淑，行事果敢，頭腦睿智，是一個內心有著大格局的女子。

昔日蘇洵決心考取功名，需要資金支援，她便帶著家人搬到城中紗縠巷居住，然後典當首飾與嫁妝，僱人經營布料生意。在她的操持下，僅幾年時間，蘇家即成了當地的大戶。

大約從蘇東坡十歲的時候開始，蘇洵的人生就開啟了趕考加遊歷的模式，如此一來，兩個兒子的家庭教育就全部落在了程夫人的身上。

《宋史》裡記載了一篇與程夫人有關的逸事：

有一天，程夫人陪十歲的蘇東坡一起讀《後漢書・范滂傳》。范滂是東漢名士，也是一個剛正高潔的官員，有澄清天下之志，然而卻因受人排擠，陷入朝廷黨爭，必須用性命換取同僚的平安。赴死前，范滂與母親訣別，希望母親不要太過悲傷。怎料范母深明大義，反而寬慰范滂，告訴他一個人為自己的理想付出性命，不應有恨。

讀完後，小東坡慨然嘆息，問母親：「如果我想成為范滂這樣的人，母親同意嗎？」程夫人打量著兒子，欣慰笑道：「如果你可以成為范滂，我為什麼不能成為范滂的母親呢？」

程夫人還是一個虔誠的佛教徒，對待萬物生靈都會心懷善念。

蘇家庭院古木參天，綠竹猗猗，花草葳蕤，曾是鳥雀的樂園。「是時烏與雀，巢彀可俯拿」，在蘇東坡的詩中，他與弟弟因受母親善意的感召，小時候就經常給院中的小鳥們餵食。那些鳥雀也不怕人，牠們把窩搭在低矮的樹枝上，還會趁蘇東坡讀書的時候飛進房中，在他的書桌上嘰嘰喳喳，甚至把銜來的草籽丟進硯臺裡。

但小東坡從不生氣，在他眼中，小鳥是大自然的精靈，可以帶給他寫作詩文的靈感。

善念是一切美好的源頭。就像成年後的他，看過大江東去，遭遇斷腸天涯，也始終為黎民百姓、一草一木保留善意與溫柔。想來，世間有趣的靈魂，都有一顆仁愛的內心。

帕烏斯托夫斯基有一句話：「對生活，對周圍一切的詩意理解，是童年時代給我們的最偉大的饋贈。如果一個人在悠長而嚴肅的歲月中，沒有失去這個饋贈，那他就是詩人或者作家。」

這句話總讓我想到蘇東坡。他是詩人，是作家，也是千古風流人物。他是仁者、智者、勇者，也是世間翩翩驚鴻。

「人生到處知何似，應似飛鴻踏雪泥」，沿著時光的河流，溯源他生命的來處，我們就會發現，一個天才命運與情感的開始原來是這樣的隱於不言，細入無間，又是那樣的豁然開朗，溫情有光。

而想到他曾被朝廷傷害，困頓失意，在深井一樣的烏臺牢獄裡回憶故鄉的陽光和江水，曾白髮如霜，知交零落，在瘴氣叢生的嶺南想起故鄉的人情與美食，我們就會明白，那一份來自童年時代的偉大饋贈，直到生命的終點，他都未曾失去過。

他一身的浩然之氣，一生的天縱之才，魂兮歸來時，都可以還給故鄉的草木星辰，日月河山。

## 詩酒趁年華，少年的命運才剛剛開啟

在即將步入知天命的年紀時，無論是少年時的理想，還是童年時的夢寐，他都可以用中年的心境，撒一把世事的鹽，風乾了下酒。彼時，買花載酒，明月無猜，流年暗中偷換，故人兀自老去，唯有少年的命運，才剛剛開啟。

在成長過程中，除了嚴明溫文的家教，蘇東坡也是受過正規的學校教育的。八歲那一年，蘇東坡被家人送入天慶道觀書院讀書。

按照蘇東坡中年時期的回憶，當時書院規模頗大，同學一共有好幾百人，其中數他與一名叫陳太初的學生最受老師看重。

不過後來陳太初一心修煉道術，以羽化登仙為夢想，並未在文壇上留下過什麼痕跡，而蘇東坡卻成了一代文豪，名字與星月同輝。

這也讓他們的昔日同窗們愈加篤信，世間真有徵兆一說。

有一次，有人帶了一首讚揚當朝文士的長詩到書院，師生們都忍不住去圍觀欣賞，蘇東坡也擠在人群中，想一探究竟。

老師告訴學生們，詩中那些人——范仲淹、歐陽修、韓琦……都將成為名垂千古的「人傑」。

人群中的蘇東坡更好奇了。他迫不及待地請教老師，想對那些「人傑」做進一步的瞭解。

老師說：「你還是小孩子，不需要打聽這些。」

蘇東坡不服氣：「難道他們是天上的神仙不成？如果他們是神仙，我就不敢冒犯。但他們如果是和我一樣的凡人，我為什麼不可以多瞭解一些呢？」

老師看著他認真的表情，不禁輾然而笑，隨即娓娓道來，滿足了蘇東坡的求知欲。老師說完後，又稱蘇東坡「非池中之物」，預言他日後定會跟那些「人傑」們打交道。

蘇東坡把老師的話牢牢記在了心裡。

多年後，果然如老師所言，蘇東坡的命運跟那些人緊密地連結在了一起，歐陽修成了蘇東坡的恩師，而蘇東坡，也成了朝堂上的風雲人物，文壇裡的佼佼者。

幾天後，蘇東坡在玩遊戲時，又從地下挖出一塊魚形的青色石頭。石頭上面布滿星星點點的花紋，如星光照耀天穹，握在手裡，細潤如絲，清涼沁人，輕輕叩擊，還有琳琅之聲。

經過鑒定，原來那是一方絕佳的硯石，百年罕見。

從此之後，那方硯石就一直擺在蘇東坡的書房裡，陪他悠遊筆墨，走過無數個書香寒暑。

硯石恰到好處的出現以及老師的預言，也成了他日後得文星相助，名留青史的吉兆。

三年後，蘇東坡從天慶道觀書院畢業，又進入眉山城西的壽昌書院學習，師從眉山有名的學者劉微之，開始為參加科舉考試做準備。

劉微之是個飽學之士，精通經史，為人嚴厲。平時學生們都很怕他。但學生們也知道，為了科舉，必須博覽群書，苦苦背誦先賢的古文，在古人的智慧中學習修身處世的道理和齊家治國的本領，因為一日中舉，他們就可能成為國家的棟梁，所學所思，皆與國運興衰息息相關。

劉微之也很喜歡蘇東坡。

這個學生不僅聰慧異於常人，還肯下苦功夫背書習字，對於世間萬物，又有著別出機杼的見解，而且文思敏捷，有時連老師也自嘆不如。

一日，劉微之在課堂上朗讀了自己寫的一首〈鷺鷥〉詩：「鷺鳥窺遙浪，寒風掠岸沙。漁人忽驚起，雪片逐風斜。」

眾學生皆讚嘆。

只有蘇東坡看法不一樣。

他認為這首詩雖然是好，但「雪片逐風斜」一句，並不妥當，他曾很仔細地觀察過鷺鷥歸巢，發現牠們的羽毛並不會隨風飛揚，而是落在巢邊的蒹葭上。

所以，「雪片落蒹葭」要更加貼切，而且還讓詩中的主角鷺鷥，在天地之間有了歸宿。

劉微之也是個豁達之人，他不但不生氣，反而大喜，從教多年，他還從未見過如此聰敏又有個性的學生，於是忍不住當著眾學生的面，稱讚蘇東坡，表示自己已經沒有資格做他的老師了。

果然，日後的蘇東坡在朝堂上面對皇帝，也依舊可以將這樣的個性進行到底，從來都是直言不諱，堅持己見。

只是，那個時候的劉微之還不知道，他的學生有天會貴為天子之師，有天也會淪為階下之囚，人生起伏，仕途跌宕，皆因這一腔少年意氣而起。

蘇東坡喜歡鑽研詩書，但他並非是兩耳不聞窗外事的書呆子。從童年，到少年，除了讀書之外，他也會呼朋喚友，與家中兄弟們周遊眉山，到大自然的懷抱裡尋找諸多樂趣。

書院附近的醴泉寺就是他們平時喜歡去的地方。很多年後，他還記得那裡的橘子樹、柚子樹、梨樹和栗樹，從夏天到秋天，總能招惹饞嘴的孩子。春天則可看花，古剎繁花，鐘聲在寂靜的空氣中如漣漪蕩開，更有奇石嶙峋，松果累累，山風過耳，無上清涼。

他也對曾經在牛背上讀書的時光念念不忘。

「川平牛背穩，如駕百斛舟，舟行無人岸自移，我臥讀書牛不知……」

那樣的年紀，人心尚未沾染世事，真是左也愜意，右也靜好，除了有那麼一點遺憾，就是那樣的時刻，他的快樂，無法跟牛一起分享。

如果是下雨的時候，只能待在教室裡，他就會跟同學們一起玩聯句的遊戲。

中年時，他依舊可以將自己第一次玩的聯句一字不漏地寫下來：

一人說：「庭松偃仰如醉。」

一人說：「夏雨淒涼似秋。」

蘇東坡說：「有客高吟擁鼻。」

年紀稍小的蘇轍也加入進來：「無人共吃饅頭！」

語畢，整個教室的人都要笑翻了。

蘇東坡還記得七歲那年，曾在山間遇到一位姓朱的老尼，那老尼自稱已有九十歲，年少時常隨師父出入蜀主孟昶宮中。

某年的一個夏夜，師父帶著她路過水晶宮，只見那宮殿竟是以碧玉與琉璃築成，又以碩大的夜明珠當燈盞，與天上明月交相輝映……蜀主與花蕊夫人正在摩訶池邊消暑納涼。

是時，摩訶池內蓮花盛放，宮中沉香裊裊，夜風拂過，滿是香息。花蕊夫人已有三分薄醉，「花不足以擬其色，蕊差堪狀其容」，她雲鬢低垂，衣袂飄飛，肌膚如雪，倚在蜀主身邊，枕著一方青玉，猶如天宮仙子。

不知不覺間，夜至三更，天上只見淡月疏星。趁著餘興盛景，蜀主攜花蕊夫人憑欄遠眺，夫人則奉旨填詞一首：「冰肌玉骨自無汗，水殿風來暗香滿……」感嘆美景難留，良辰易逝。

四十年後，蘇東坡的眉山故鄉已是物是人非，他在謫居之地一點一點地翻閱記憶，就像乘坐時間的舟楫，遊歷一個又一個的幻麗綺夢。

好在還有文字，可供長情的人，結繩記事，朝花夕拾。

冰肌玉骨，自清涼無汗。水殿風來暗香滿。繡簾開，一點明月窺人，人未寢，欹枕釵橫鬢亂。

起來攜素手，庭戶無聲，時見疏星渡河漢。試問夜如何？夜已三更，金波淡，玉繩低轉。但屈指西風幾時來，又不道流年暗中偷換。

——〈洞仙歌〉

在題記中，蘇東坡寫道：「今四十年，朱已死久矣，人無知此詞者，但記其首兩句，暇日尋味，豈〈洞仙歌〉令乎？乃為足之云。」

當時，姓朱的老尼已經久辭人世，他也只記得花蕊夫人所填之詞的前兩句，於是便以〈洞仙歌〉為韻，補足了這首詞的剩餘部分。

而其中最讓人覺得有趣的，卻是他那一句「暇日尋味」，彷彿曾經的記憶，可以隨著時間的流轉，和鄉味一樣縈繞在舌尖。

也難怪啊，那時的他即將步入知天命的年紀，無論是少年時的理想，還是童年時的夢寐，都可以用中年的心境，撒一把世事的鹽，風乾了下酒。

如此，在一眼望不到邊的寂寞苦寒日子裡，閉目暢遊，便可遇見涉世之初，心尖上的那一小撮甜。

彼時，買花載酒，明月無猜，流年暗中偷換，故人兀自老去，唯有少年的命運，才剛剛開啟。

## 那一場刻骨銘心的暗戀

蘇東坡對小二娘是痴情，對其他走進他生命中的女子，也從未薄情過。若非如此，一份痴情要以另一場辜負為代價，那也只能叫蕩子，不配叫情痴。

眾所周知，王弗是蘇東坡的結髮妻子。

但很多人或許不知道，她並不是蘇東坡真正意義上的初戀。

要如何說呢？蘇東坡的初戀，他人生中愛情的源頭，其實是由親情衍生出來的支流，或者說是一條地下暗河。

因為那個名叫小二娘的女子，正是他的堂妹，親堂妹。

蘇東坡的伯父蘇渙考上進士後即在外地做官，一直到他的父親蘇序去世，他才攜帶家眷回眉山守制，為期三年。

蘇渙家有三個兒子，四個女兒，其中最小的女兒，便是小二娘。當時的蘇東坡，大約是十二歲到十三歲之間，情竇初開的年紀，很快便喜歡上了這個堂妹。

不過，在眉山的歲月河川之間，關於他們相處的情景，如今已無人知曉，而礙於禮法，蘇東坡自己也未曾用寫實主義的筆調記錄過那場感情的細枝末節。但有一點毫無疑問，蘇東坡對小二娘的喜歡，已經越過了親情的邊界，滲透了愛情的核心。

多年後，歷經半生沉浮，滿心滄桑的蘇東坡回憶起眉山的前塵往事，給小二娘寫了一首詩：

前塵往事斷腸詩，儂為君痴君不知。
莫道世界真意少，自古人間多情痴。

——〈無題〉

如果按照詩裡的意思來揣測，也極有可能，蘇東坡的初戀，自始至終都只是「山有木兮木有枝，心悅君兮君不知」的暗戀，雖刻骨銘心，卻鮮為人知，就連小二娘本人都不知道。

「關關雎鳩，在河之洲，窈窕淑女，君子好逑。」真是好遺憾啊，在蘇東坡的青春年代裡，他讀過那麼多的詩句，第一次為異性動心，卻是可遇不可求，可戀不可有。

他曾那樣痴迷她，也深知不能娶她為妻，哪怕是一點點愛的示意，都會唐突了禮法，更會傷害她的名聲。

類似這樣的暗戀，許多個世紀後，可能有人會說——世界上最遙遠的距離，不是生與死，而是我站在你面前，你卻不知道我愛你。

但那時的蘇東坡，他寫的是，儂為君痴君不知。君不知，不僅是真意，也是保全。

數年過去，蘇東坡迎娶王弗，之後在京城與故里之間輾轉，小二娘也嫁作他人婦，隨夫君定居江南。

緣分如浮萍，自此流水天涯。

熙寧七年（西元一〇七四年），蘇東坡在杭州做官。人說近水樓臺先得月，但他只是想要去附近的鎮江看一看他的「白月光」。

「今夕復何夕，共此燈燭光。昔別君未婚，兒女忽成行。」

近二十年後，故人重逢，一個花期已過，一個名滿天下。

是的，那時的小二娘，已經是兩個少年的母親，年華逝去，青春不再，在日常瑣事中消磨著時光。

但無論境況如何，他們之間的命運依舊沒有更多可能，依舊在初見的時候就已塵埃落定。

所以，即便是一腔憐意無處著，在那個陌上花開緩緩歸的季節，蘇東坡也只能借著牡丹的名義，給小二娘寫一首情意婉轉的詩。

羞歸應為負花期，已是成陰結子時。
與物寡情憐我老，遺春無恨賴君詩。
玉臺不見朝酣酒，金縷猶歌空折枝。

從此年年定相見，欲師老圃問樊遲。
莫負黃花九日期，人生窮達可無時。
十年且就三都賦，萬戶終輕千首詩。
天靜傷鴻猶戢翼，月明驚鵲未安枝。
君看六月河無水，萬斛龍驤到自遲。
——〈杭州牡丹開時，僕猶在常潤，周令作詩見寄，次其韻，復次一首送赴闕〉

林語堂先生曾披露過一個細節，說蘇東坡在見到小二娘之後，一度起了退居鎮江之意。而從字裡行間蘊藏的意思來看，他也是想要與小二娘結鄰而居的，就像少年時那樣，他和她住在同一座宅子裡。

他依舊不求得「月」，只想把酒問青天的時候，可以看著月光的影子在酒杯裡溫柔地漾動，可以沐浴她的朗朗清輝。

另外，還有一個細節，足以看出蘇東坡的真性情。

蘇東坡很喜歡小二娘的兩個孩子，便也樂意抽出空閒來，教他們讀書習字，如父如師，給他們潤物無聲的關愛。

但對於孩子他爹，也就是小二娘的夫君，他的堂妹婿，他就不那麼待見了，甚至很少跟人家說話。

有一次，堂妹婿向蘇東坡討一幅書法，他不願意給。

要知道蘇東坡是出了名的大方，就算是平白無故的人向他乞詩，他也從不吝嗇。在他早期的詩集中，有一首詩名便是〈遊洞之日，有亭吏乞詩，既為留三絕句於洞之石壁，明日至峽州，吏又至，意若未足，乃復以此詩授之〉。其慷慨，可見一斑。

不過，後來他還是推薦這位堂妹婿去做了一個地方小官，想來也是看在小二娘的面子（情分）上。他曠達磊落了一輩子，也就在心尖上，藏了這麼一丁點市井百姓般可愛的「小氣」。

元符元年（西元一〇九九年），蘇東坡兩鬢星星，貶居海南，小二娘也溘然病逝。在異鄉，隔著契闊死生，萬里天涯，蘇東坡一個月後才收到噩耗。

他不禁為她老淚縱橫。

在祭文中，他又直言「情懷割裂」、「夢淚濡茵」、「此心如割」……

如此三年後，貧病交加的蘇東坡終於等到了北歸的赦令。

當他路過鎮江時，已經病得無法見客。但在兒子的攙扶下，他還是去祭拜了小二娘，在她的墓碑前，他再一次傷心大慟，哭得像個老孩子。

且在祭墓歸去後，復又「臥泣不起」。

兩個月後，他便與世長辭。

想起多年前，蘇東坡曾為小二娘寫下「自古人間有情痴」，可以說，這句話，他是一字不漏地做到了。

但蘇東坡對小二娘是痴情，對其他走進他生命中的女子，也從未薄情過。

若非如此，一份痴情要以另一場辜負為代價，那也只能叫蕩子，不配叫情痴。

譬如蘇東坡在十八歲那年，遇見王弗。

他以鳳冠霞帔，鸞鏡花轎，娶她為妻。從此，便將滿目山河空念遠的悵憾，化作了亦要憐取眼前人的深情與珍視。

## 王弗刮開了一張頭獎彩券

自科舉以來，唐宋就有「榜下捉婿」的風俗，換言之，在那個時候，每一個寒窗苦讀的年輕人，他們的前程與命運，都像一張未刮開的彩券。

仁宗至和元年（西元一〇五四年），十八歲的蘇東坡結婚了。

新娘子王弗剛過及笄之年，乃眉山青神人進士王方之女，自幼相承庭訓，飽讀詩書，是當地的大家閨秀。

青神縣以崇祀蠶叢氏「青衣而教民農桑，民皆神之」得名，又據《蜀中名勝記》記載，「縣（青神）之名勝在乎三岩。三岩者，上岩、中岩、下岩也。」

其中的中岩小鎮，就是蘇東坡與王弗相遇的地方。

十七歲那年，蘇東坡到中岩書院進一步深造，執教的老師正是王弗的父親王方。

和前幾任老師一樣，在品學方面，王方也很賞識蘇東坡。

但相傳蘇東坡與王弗能夠喜結連理，則是因為他們之間有一段「喚魚姻緣」。

中岩書院附近，一處丹岩赤壁下，有一汪綠池，澄澈見底，形如半月，清涼生風。奇妙的是，只要站在池邊拊掌三聲，便會有魚聞聲而來，在水中凌空跳躍，彷彿可以與人互通靈犀。

一日，王方邀請了許多文人學士，在丹岩赤壁下投筆競題，為綠池命名立碑，讓那一處中岩勝地流芳千古。

其中，王方最滿意的就是蘇東坡寫下的「喚魚池」。

就在同一時間，王弗也讓侍女從閨閣中送來了題名。王方當眾打開紅紙，只見三字躍然而出——「喚魚池」。

王方喜上眉梢，不禁暗自讚嘆：「不謀而合，韻成雙璧。」

於是，不久後，王方便請人到蘇家說媒，要將女兒許配給蘇東坡。

人道是，喚魚聯姻，天作之合。

不過，這段佳話既是傳說，就難免有後人附會的可能，如今也無法去一一考證，但有一點可以確定的就是，當時，的確是女方託人來提的親。

自科舉以來，唐宋就有「榜下捉婿」的風俗，而且在蘇東坡那個年代，正是重文輕武、以文臣治國的年代，是宋真宗趙恆那首〈勸學詩〉在民間發揮聲量最強的年代。

富家不用買良田，書中自有千鍾粟。
安居不用架高堂，書中自有黃金屋。
娶妻莫恨無良媒，書中自有顏如玉。
出門莫恨無人隨，書中車馬多如簇。
男兒欲遂平生志，六經勤向窗前讀。

——趙恆〈勸學詩〉

換言之，在那個時候，每一個寒窗苦讀的年輕人，他們的前程與命運，都像一張未刮開的彩券。

而對於他們來說，也只有讀書，才是打破階層壁壘，實現人生目標的最佳途徑。

蘇門文脈尚存，家風清正，蘇東坡又是眉山有名的青年才俊，品學兼優，且即將進京趕考，無疑是一支非常優質的「潛力股」，在亟待擇婿的那些人眼裡，更是上佳人選。

所以，像蘇東坡這樣前途明晃晃的人才，王方自然等不到「榜下捉婿」的那一天——京城達官顯貴如過江之鯽，但凡有女待字閨中的，無一不在等待考試的結果。既然競爭力如此懸殊，那麼最明智的辦法，就是在蘇東坡赶考之前，搶先一步「截胡」。當然，這一切的前提，還需要對方符合蘇東坡的意願。

其實早在王家過來提親之前，蘇東坡就曾與王弗在書院的古松之下有過一面之緣，驚鴻一瞥，心生歡喜，許多年後，他想起她，還記得初見她時，如娥雙眉長帶綠，明月好風是人猜。

另外，在蘇東坡十六歲那年，蘇家發生的一件事，可以說在很大程度上影響了他的擇偶觀和婚姻態度。

他的姊姊——八娘過世了。

因為在婚姻中不受公婆的喜歡，又與丈夫心意隔閡，八娘過得很不幸福，年紀輕輕便在月子裡鬱鬱而終。

而八娘當初，正是遵循的父母之命，媒妁之言，嫁給了程家的一個表哥，也就是她舅舅的兒子程之才。

本想親上加親，怎料竟誤了愛女性命。蘇洵傷心如搗，悔不當初，聽聞噩耗後，又連夜作檄文，列舉程家六大罪狀，為女兒聲討「賊人」，並告誡兒子們，此後當與程家老死不相往來。

悲痛之餘，蘇東坡也明確地告訴父母，他的婚事，必須經過他本人同意。而在之後的婚姻生活中，他也從未像自己鄙視的人那樣，對任何一任妻子有過不尊重的表現。

至於王弗，她雖不似小二娘那般讓蘇東坡驚心動魄，遙望痴迷，但也自有溫良賢德的魅力，讓她的夫君真心以待，與之相濡以沫，舉案齊眉。

在蘇東坡的文字裡，王弗的性格是「敏而靜，慧而謙」，她不僅知書達禮，可以與他琴瑟在御，伴他紅袖添香，還可以用她冷靜睿智的頭腦，洞若觀火的慧眼「幕後聽言」，為他甄別仕途中的君子與小人。

譬如，蘇東坡在鳳翔府擔任簽書判官時，經常要外出辦事，每次回來，王弗都會詳細詢問辦事的情況，然後勸誡夫君萬事小心。只因她深諳蘇東坡的個性，從來都是疾惡如仇，偏又熾熱天真，無論行事，還是說話，都不懂納藏自身的鋒芒，便也難免被一些宵小之輩利用和指摘。

如此，每次有人來拜訪蘇東坡，王弗都會躲在屏風後面，悄悄傾聽堂前的談話，繼而根據來客的言語，冷靜辨析對方的品行與目的。

有一次，王弗告訴蘇東坡：「剛才來的這個人，討論問題總是模稜兩可，沒有一點自己的思想，而且一直在暗自揣摩你的心思，順著你的喜好在說。與這樣的人討論，是毫無意義的。」

還有一次，有人來與蘇東坡套近乎，交朋友，表現得異常熱忱，王弗知道後，又告訴夫君：「這種人的熱忱怕是不能長久，今天他既能與你迅速熟絡，明天他自然也能對你迅速冷落。」

一段時間過後，王弗的預言果然應驗了。

原來那人是要求蘇東坡辦事，蘇東坡沒有答應，便很快變臉，對蘇東坡冷眼相待，朋友也沒得做了。那樣的「熱忱」，一如金錢，那人在蘇東坡這邊沒有置換到他想要的東西，自然就要收回到手心裡，然後掂量掂量，再送到另外一個人面前。

或許，在這個世上，除了時間、回憶，便只有深情與繾綣，經久不滅，千金不換。

王弗與蘇東坡執子之手十一載，卻未能白首偕老，也是令世人唏噓不已。

王弗病逝時，僅二十七歲，蘇東坡哀慟斷腸，一夕蒼老。

他將她葬在眉山蘇家的祖墳裡，為她虔誠守靈，在她的長眠之地親手種下青松，以祭奠他心尖的朱砂痣。

十年生死兩茫茫，不思量，自難忘。千里孤墳，無處話淒涼。縱使相逢應不識，塵滿面，鬢如霜。

夜來幽夢忽還鄉，小軒窗，正梳妝。相顧無言，惟有淚千行。料得年年腸斷處，明月夜，短松岡。

——〈江城子．乙卯正月二十日夜記夢〉

熙寧八年（西元一〇七五年），即王弗離世十年後，蘇東坡在密州（今山東省諸城市）任知州，一日午夜夢迴，又淚溼衣襟。

在夢中，她依舊是新婚時的姣好容顏，在軒窗邊，放下雲鬢，打開妝奩，眉間浮現出盈盈笑意，歲月一片靜好澄明。

而夢醒之後，站在夜色深處和政治漩渦裡的人，卻是塵埃滿面，兩鬢飛霜，無處話淒涼。

只有耳邊，彷彿還有明月松風，和遇見她的那天，一模一樣。

## 一舉震驚文壇的年輕人

梅堯臣指著策論文中的一句詰問道：「你在此處寫到有一人犯罪，皋陶（堯帝時代的一個司法官）三次想殺他，但三次都被堯帝寬赦……這個典故，是出自哪一本書呢？」蘇東坡坦然一笑：「想當然耳。」梅堯臣差點驚掉了下巴。歐陽修不但沒有生氣，反而大笑道：「善讀書，善用書，真是後生可畏也！」歐陽修又把蘇東坡的文章推薦給自己的兒子看，並聲稱會不遺餘力地提攜這位新科進士，助其出人頭地。

嘉祐元年（西元一〇五六年）五月，汴京（今河南省開封市）城內，榴花欲然，薰風入弦，空氣裡滿是青梅酒的香氣。

正是在這樣的季節，蘇家父子三人，辭別了親友與家眷——至和二年（西元一〇五五年），蘇轍也結婚了，新娘是眉山當地一位姓史的小姐。他們一路出閬中，過蜀道，越秦嶺，入關中，進中原，歷經兩個月的山水跋涉，終於來到了北宋王朝最為繁華的都城，天下所有書生的朝聖之地。

這也是蘇東坡第一次離開家鄉。

那一刻，站在京城的宮闕樓臺，寶馬雕車之間，他竟被撲面而來的花光照亮了眼睛，心緒也隨之起伏不已。

鴻鵠志，寒窗苦，為了實現治國平天下的夢想，他已經準備了十餘年的時間。

而早在進京之前，蘇洵就曾帶著兩個兒子自眉山前往成都，拜謁當地最大的官員張方平，希望可以得到後者的幫助，為來日的赴京之路做鋪墊。

在一封呈給張方平的尺書中，蘇洵寫道：

「聞京師多賢士大夫，欲往從之遊，因以舉進士。洵今年幾五十，以懶鈍廢於世，誓將絕進取之意。惟此二子，不忍使之復為湮淪棄置之人……」

這一年蘇洵已年近五十，科舉之路對他來說或許真的沒有什麼希望了，但悵然之餘，他也越發篤定，要讓兒子學有所成。可以說，他將兩代人的仕途夢，都寄託在兩個兒子身上。

張方平是個傳奇人物，相傳少年家貧，只能借書而讀，卻可過目熟記，終生不忘。科舉及第後，他被封校書郎，到了至和元年（西元一〇五四年），又以朝廷戶部侍郎身分出任成都知府。

不僅如此，在才學與政治之外，張方平為人處事也十分慷慨，富有氣節，有著一顆惜才愛才的伯樂之心。

當張方平第一次看到蘇東坡其人其文的時候，直言傾蓋如故，驚為天上的麒麟——翩翩少年，眉目清俊，風神灑然，所著文章則洞察敏銳，氣勢磅礡，又毫無浮華之氣。談笑間，兩人遂結成忘年知己。

如此，儘管政見不同，張方平還是決定拋開朝堂上的芥蒂，為蘇洵寫了一封誠懇的推薦信，將「三蘇」引薦給自己的昔日政敵，也是那個年代最有名的文士——歐陽修。

於是，這年陽春三月，蘇洵帶著張方平的推薦信，與兩個兒子如約抵達汴京，隨後落腳在興國寺的一處小院中。

暮鼓晨鐘，滌蕩浮塵，溪風朗月，映照筆墨，蘇家兄弟每天都在幽靜的禪房裡安心備考。即將迎接他們的，是秋天的開封府初試。

初試於桂子飄香的八月舉行，地點在開封城內的景德寺。來自全國各地的考生坐滿了整個廟堂，在考官與侍衛的森嚴戒備下，埋首疾書，過關斬將，爭奪重塑命運的名額。

不久後，考試結果出來了，與料想中的一樣，蘇家兩兄弟輕鬆過關，且名列前茅。首戰告捷，是一件值得高興的事情。因為按照當時的大宋科舉流程，只有通過初試的考生，才有資格進入下一輪尚書省禮部的進士考試。

第二輪考試，定在來年的春天。

在此其間，除了努力讀書，溫習功課，蘇氏兄弟還會跟著父親出入京城的社交界。

這一次，蘇東坡終於有機會去拜謁禮部侍郎歐陽修——他的名字，曾讓一個心懷凌雲之志的川地少年高山仰止。

與張方平一樣，歐陽修也是個性情中人。他們出身相似，都是幼時家貧，天資聰穎，通過苦讀與科舉改變了人生。如果不是站在不同的政治立場上，他們應該是可以成為對方好友的人。

學富五車的歐陽修，目光如炬，求賢若渴。他讀了張方平的推薦信後，又看了一些蘇洵的論著，如《權書》、《論衡》、《機策》等，不禁大為激賞，認為蘇洵辭辯宏偉，履行淳固，性識明達，有王佐之才，便決心把蘇洵引薦給皇帝。

為了避嫌，蘇家兄弟並未給歐陽修上呈文章，但他們的氣質與談吐，還是給歐陽修留下了不錯的印象。當時無論是文士還是考生，贏得文壇領袖的好感都至關重要。

而且接下來，歐陽修又會以翰林學士的身分，主持這一屆的禮部科舉，成為直接檢閱他們命運的人。

嘉祐二年（西元一〇五七年）二月三日，禮部考試來臨了。

皇帝欽點的考官方陣是：主考官歐陽修，副考官及閱卷老師——梅摯、梅堯臣、王珪、范鎮、韓絳。他們都是朝堂上的風雲人物，也是多年前通過考試進入仕途的人，已經有足夠的資質與閱歷，為朝廷把關，為科舉代言。

這一天，蘇東坡與弟弟半夜就起床了，他們需要自備乾糧，在天亮時分到達貢院，然後一直要到考完才能出來。考試的時候，每個考生都必須坐在自己的小房間裡，門口由宮中侍衛專門看守，以斷絕任何舞弊的可能。

按照考試制度，為了防止徇私賄賂，待學生考完後，六位考官還將在貢院住上一個多月的時間，其間不能與外界有任何接觸。而且所有的試卷，都將統一筆跡，由專人謄寫一份，隱去考生姓名，交由考官批閱。

那麼在這段時間裡，考官們的工作做完了之後，空下來的時間又要如何打發呢？

多年後，歐陽修在他的《歸田錄》裡記了一筆，意思是，我們六個人在一起的那段閱卷時光，真是太開心了！每天作詩啊，唱和啊，講笑話啊，經常哄堂絕倒，猶如盛事……

不過，當時他們的「盛事」被朝中小人得知後，皇帝面前就出現了一份小報告。皇帝愛才，不好多說什麼，但還是給之後的考官們加了一道禁令——試官在闈內不得作詩。

如此一來，歐陽公便只能在心裡暗暗吐槽了……

再說閱卷。當時考試的科目為詩、賦、論各一篇，時務策五道。考官們希望從策論中觀察到考生的謀略、政見與志向，看他們是不是能夠成為一名合格的官員，又以詩賦比試他們的審美，文采與修為，這一點正是身為學者的標準。

閱卷老師梅堯臣很快便在一堆〈刑賞忠厚之至論〉中，發現了一份天才之作：

堯、舜、禹、湯、文、武、成、康之際，何其愛民之深，憂民之切，而待天下以君子長者之道也。有一善，從而賞之，又從而詠歌嗟嘆之，所以樂其始而勉其終。有一不善，從而罰之，又從而哀矜懲創之，所以棄其舊而開其新。

故其吁俞之聲，歡休慘戚，見於虞、夏、商、周之書。成、康既沒，穆王立，而周道始衰，然猶命其臣呂侯，而告之以祥刑。其言憂而不傷，威而不怒，慈愛而能斷，惻然有哀憐無辜之心，故孔子猶有取焉。

《傳》曰：「賞疑從與，所以廣恩也；罰疑從去，所以慎刑也。」當堯之時，皋陶為士。將殺人，皋陶曰「殺之」三，堯曰「宥之」三。故天下畏皋陶執法之堅，而樂堯用刑之寬。四岳曰「鯀可用」，堯曰「不可，鯀方命圮族」，既而曰「試之」。何堯之不聽皋陶之殺人，而從四岳之用鯀也？然則聖人之意，蓋亦可見矣。

《書》曰：「罪疑惟輕，功疑惟重。與其殺不辜，寧失不經。」嗚呼，盡之矣。

可以賞，可以無賞，賞之過乎仁；可以罰，可以無罰，罰之過乎義。過乎仁，不失為君子；過乎義，則流而入於忍人。故仁可過也，義不可過也。古者賞不以爵祿，刑不以刀鋸。賞以爵祿，是賞之道，行於爵祿之所加，而不行於爵祿之所不加也。刑之以刀鋸，是刑之威，施於刀鋸之所及，而不施於刀鋸之所不及也。先王知天下之善不勝賞，而爵祿不足以勸也；知天下之惡不勝刑，而刀鋸不足以裁也。是故疑則舉而歸之於仁，以君子長者之道待天下，使天下相率而歸於君子長者之道。故曰忠厚之至也。

《詩》曰：「君子如祉，亂庶遄已。君子如怒，亂庶遄沮。」夫君子之已亂，豈有異術哉？時其喜怒，而無失乎仁而已矣。《春秋》之義，立法貴嚴，而責人貴寬。因其褒貶義以制賞罰，亦忠厚之至也。

區區六百字，博古論今，筆意崢嶸，文風雄健，辯思明徹，又無一贅言浮辭，可以說是完美闡述了該考生以仁治國的政治思想。

梅堯臣一看再看，越看越喜歡，便忍不住找來隔壁的王珪一起觀看，兩人嘖嘖稱讚了許久。據說王珪後來還祕密地將這名考生的兩份策論原稿帶回家珍藏了起來。

當這篇論文呈薦到歐陽修手裡時，歐陽修更是驚喜萬分，哎呀，這不正是自己一直提倡的文章嗎？

是時北宋已開國百年，但通行的文風依舊浮巧居多，一味追求辭藻上的華麗與雕琢，思想卻日益空乏，猶如靡靡之音，浸染五代之弊……因此，對於歐陽修來說，這一次的科舉選拔，正好可以趁機變革文風，重修士林。

但這名考生是誰？

就在提筆打算將這份試卷的主人列為第一名的時候，歐陽修猶豫了。

他把所有在心裡留有印象的考生都捋了一遍，但思來想去，還是感覺自己的學生曾鞏的可能性最大。

為了保守起見，規避徇私之嫌，歐陽修最終將這名最心儀的考生列為第二名。

直到確定了名次和推薦名單，打開考生姓名時，他才知道，原來寫出這篇千古論文的人，並不是曾鞏，而是與他有過一面之緣的蘇洵的大兒子——蘇軾。

然後，在接下來的禮部複試中，這位震驚京城文壇的年輕人，又以「春秋對義」（回答考官提出的關於《春秋》的問題）獲得了第一名。

是年四月八日，科舉的最後一關，金殿御試到來了。

地點在崇政殿，仁宗皇帝為唯一的考官，考三百多名學子們關於安定江山，興盛社稷的高論與良策。其中，有兩名來自四川眉山的麒麟才子給皇帝留下了很好的印象，他們不僅可以對答如流，氣度也頗有卿相風範。

果然，幾天後，皇帝便用御筆，給他們點了一個朱紅色的讚——欽點蘇東坡為進士，蘇轍賜進士出身。

一時間，蘇家兄弟名動京城。

得知喜訊後的蘇洵感嘆道：「莫道登科易，老夫如登天。莫道登科難，小兒如拾芥。」

金榜題名之後，依照慣例，考生應該依次感謝考官的知遇之恩，從此，兩個人之間也有了師生的名分。

一天，蘇東坡去拜訪歐陽修，正巧梅堯臣也在。更巧的是，兩位老師還在翻看他那篇〈刑賞忠厚之至論〉。

梅堯臣是蘇洵的故友，對蘇東坡也格外關注。於是，他指著論文中的一句話問道：「你在此處寫到有一人犯罪，皋陶（堯帝時代的一個司法官）三次想殺他，但三次都被堯帝寬赦……這個典故，是出自哪一本書呢？」

蘇東坡坦然一笑：「想當然耳。」

梅堯臣差點驚掉了下巴。

蘇東坡又說：「昔日學生讀《三國志．孔融傳》，曹操滅袁紹後，將袁紹的兒媳賞給兒子曹丕。孔融勸誡道：『當年武王伐紂，將妲己賞給周公。』曹操問孔融，此事出自哪一本書，孔融則說：『以今推古，想當然耳。』所以學生想，我大宋的明君，也一定會和堯帝一樣仁德。」

歐陽修聽後，不但沒有生氣，反而大笑道：「善讀書，善用書，真是後生可畏也！」

在呈給歐陽修的感謝信中，蘇東坡又如此寫道：

軾竊以天下之事，難於改為。自昔五代之餘，文教衰落，風俗靡靡，日以塗地。聖上慨然太息，思有以澄其源，疏其流，明詔天下，曉諭厥旨。於是招來雄俊魁偉、敦厚樸直之士，罷去浮巧輕媚、叢錯采繡之文，將以追兩漢之餘，而漸復三代之故。士大夫不深明天子之心，用意過當，求深者或至於迂，務奇者怪僻而不可讀，餘風未殄，新弊復作。大者鏤之金石，以傳久遠；小者轉相摹寫，號稱古文。紛紛肆行，莫之或禁。蓋唐之古文，自韓愈始。其後學韓而不至者為皇甫湜。學皇甫湜而不至者為孫樵。自樵以降，無足觀矣。伏惟內翰執事，天之所付以收拾先王之遺文，天下之所待以覺悟學者。恭承王命，親執文柄，意其必得天下之奇士以塞明詔……

——〈謝歐陽內翰書〉

都說人如其文，但有才華的人浩如煙海，有學識的人卻寥若晨星。而同時具備才華、學識、當世之志、濟時之心以及憂國憂民之思之人，如東坡，放眼天下，又有幾個。

在信中，蘇東坡不僅表明了自己的文學立場，還一針見血地指出了讓朝廷深感憂慮的文壇「新弊」之因——許多人並未真正學到先秦兩漢的樸實文風，又沒有領悟到韓愈文章的精髓，從而矯枉過正，學術浮誇……如此舊弊未除，新弊復發，更遑論要以文學救時行道，兼濟天下了。

蘇東坡的信，再次深深打動了歐陽修——曾經，他認為這個世上，只有韓愈寫起文章來，發言真率，無所畏避，如善馭良馬者，通衢廣陌，縱橫馳逐，惟意所之，乃天下至工，但如今，這個站在他面前、來自眉山的白衣少年，卻讓他看到了一種可以與韓愈比肩而立的神采。

那一天，蘇東坡走後，歐陽修望著他的背影，對梅堯臣說道：「讀軾書，不覺汗出，快哉，快哉！老夫當避路此人，放出一頭地也，可喜，可喜！」

是夜，歐陽修又把蘇東坡的文章推薦給自己的兒子看，並聲稱會不遺餘力地提攜這位新科進士，助其出人頭地。

而歐陽修也真的那麼去做了。

畢竟數十年來，也只有蘇東坡，讓一代文學宗師歐陽修覺得後生可畏，後生可喜。

歐陽修把蘇東坡引薦給了所有的朝中好友，大家都很喜歡這位新科進士。唯一遺憾的是，范仲淹已經過世了，蘇東坡無緣得見，他那「先天下之憂而憂，後天下之樂而樂」

的思想，曾讓蘇東坡深有感觸。

歐陽修還告訴兒子：「有朝一日，蘇軾的文章必定獨步天下。三十年後，文壇將無人再提及我歐陽修的名字。」

歐陽修的預言果然應驗了。

三十年後，蘇東坡的名字已經家喻戶曉。

三百年後，蘇軾甚至成了一個朝代的代名詞。

但是，就在「三蘇」前途一片明朗，大家都沉浸在喜悅的氛圍中時，這一年五月底，一個噩耗傳到了京城——程夫人病逝了。

父子三人痛心入骨，只能即刻離京，日夜兼程，回眉山奔喪。

而有一個巧合就是，程夫人病逝的時間，正好是四月八日——蘇東坡與弟弟一起金榜題名的日子。

此生此夜不長好，明月明年何處看，娑婆世界，聚散無常，山河歲月，親人故夢，莫不如是。

想一想，這人生還真是悲欣交集，令人無限唏噓……

## 有筆頭千字，胸中萬卷，只待輔佐君王

蘇東坡享受著親情與美景交融的悠閒時光，身邊有家可依，前方有志可酬，感覺一切算不得完滿無缺，但也安然得剛剛好。

嘉祐二年（西元一〇五七年）初夏，當「三蘇」一路披星戴月，從京城趕回故鄉時，已經到了六月底。

六月的眉山嘉木成蔭，蓮荷灼灼，而蘇家卻是一片蒼涼景象，房屋破漏，籬笆蕭疏，望之愴然。

現在，家裡的男丁都回來了，那麼就應該盡快為逝者舉行葬禮，讓其入土為安。蘇洵為程夫人在武陽縣安鎮山下選了一塊墓地，那裡曾是他日夜苦讀的地方，墓地不遠處，就是那一脈清涼甘冽的「老翁泉」。據當地的老人說，在月朗星稀的夜晚，只要是內心足夠虔誠的人，就能看到一位鶴髮童顏的老翁在泉邊曬月亮，但只要

聽到來人的腳步聲，老翁就會消失在夜色中，化作泉中的粼粼水波。

蘇洵有沒有看到過那個老翁？

答案已無從知曉。

只知道，喪妻之後的蘇洵，在程夫人的墓地旁鑿出了一個墓室，然後告訴兒子們，在他過世之後，務必要將他葬在程夫人的身邊——「鑿為二室，期與子同。魂兮未泯，不日來歸。」

不久後，他又修建了一座亭子，為亡妻作了一篇深情脈脈、感人肺腑的祭文，此後，再也沒有續弦：

與子相好，相期百年。不知中道，棄我而先。我徂京師，不遠當還。嗟子之去，曾不須臾。子去不返，我懷永哀。反復求思，意子復回。人亦有言，死生短長……歸來空堂，哭不見人。傷心故物，感涕殷勤。嗟予老矣，四海一身。自子之逝，內失良朋。孤居終日，有過誰箴……

而按照大宋禮法和儒家傳統的孝道觀念，但凡在朝為官或即將上任的人，無論是一品大員，還是新科進士，只要家中有父母過世，都必須停下手中的一切工作，回故鄉守制二十七個月，否則就要以不孝罪論處，輕則革官，重則殺頭。

所以，這一次，蘇東坡與弟弟也將在眉山蟄居了兩年多的時間。

這兩年多，放在蘇東坡風雨交織的一生中來看，其實稱得上是一段真正意義上的悠閒時光，卻又不同於後來他在貶謫之地那種無法為理想奮鬥而孤苦的，從天而降的大片大片的時間，需要自我調配的寂寞清歡，而是金榜題名後，全身心的放鬆和踏實。

從喪母之痛中走出來後，他心裡對仕途的希望，以及報國的理想又重新飽滿了起來。是的，他人生舞臺的大幕才剛剛拉開，燈光璀璨，人潮如織，而他現在只是在登臺的時候，被要求先休憩那麼一小會兒。

王弗的娘家在青神，蘇東坡很愛去青神玩。

多年後，蘇東坡還記得那種愜意，夢幻與自由。在他的文字中，就記錄過不少青神舊事。

譬如，青神附近的石佛鎮有一座小佛屋名叫「豬母佛」，相傳是百年前一隻母豬臥倒在地，化成泉水，從佛堂流出，滋養一方生靈，即使遭逢大旱，也從未乾涸過。

據說泉水中還有兩條鯉魚，已經很多年沒有出現過了。蘇東坡有次去玩的時候，碰巧看到了那兩條鯉魚，他馬上興奮地跑回岳家，告訴王弗的哥哥王願。

王願不相信，蘇東坡就拉著他一起到泉水邊去，又對著泉水說：「如果我沒有撒謊，就請鯉魚兄再次現身。」過了半晌，那兩條鯉魚果然朝著他們擺尾而來。王願不禁大驚失色，連忙對著泉水鞠躬謝罪，求「豬母佛」原諒他的無知。

蘇東坡跟岳家的感情也一直很融洽，他生命中的兩任妻子都是王家的女兒。

王弗當時有三十多個堂兄弟姊妹，他們經常會邀請蘇東坡一起到青神的寺廟和道觀中遊歷，或者是在天氣美好的夜晚，到野外品嘗王家自釀的美酒，然後吹著江風嗑瓜子，吃炒蠶豆，年齡大一點的，還可以跟著這位新科進士一起談天說地，聊京城的趣事。

不過，蘇東坡的酒量不怎麼好，這一點倒是絲毫沒有得到家族的遺傳。少年時，他說自己是聞酒盞即醉，二十來歲的時候，大約也只能一次喝上兩三杯，多了就會醺醺然。

但那樣的時刻，頭頂星河燦爛，身邊蟲鳴起伏，江水一路東去，大地之上滿是生活的氣息，連草叢裡都是熱氣騰騰的人情味兒，醉笑陪君三千場，又何妨？

嘉祐四年（西元一〇五九年）九月，蘇家兄弟終於守孝期滿。

不久後，他們就將攜妻帶子（這一年，蘇東坡有了長子蘇邁），再次與父親進京，聽從朝廷的安排，為心中的熾熱夢想而奮鬥。

臨行前，他們到程夫人的墓前告別，又託人雕刻了六尊菩薩像供奉在附近寺廟的如來堂裡，希望程夫人的靈魂可以早登極樂世界。

這一次，因為不用趕時間，蘇家人決定由水路赴京。

是年十月，秋高氣爽，紅葉紛飛的季節，他們在古嘉州（今四川省樂山市）登船，從嘉陵江出川，一路順流而下，進入長江三峽，抵達江陵後，再改陸路北上。

樂山大佛，也就是當時的嘉州凌雲寺大彌勒石像，高七十一公尺，鑿石山而成，坐落於岷江東岸，寶相莊嚴，妙音慈悲，低眉相看著人間的生靈與滔滔的江水。

當蘇東坡乘坐的船隻經過大佛腳下時，眉山小城的輪廓已經在身後消失不見。

秋風起兮，一絲對故鄉的不捨在他心裡慢慢散開。

但雲天高遠，長河浩蕩，對未來的憧憬，以及為夢想而儲備已久的激情，就像江水中湧動的浪花，到底還是沖淡了一個年輕人對故鄉的依戀。

**朝發鼓闐闐，西風獵畫旃。**

故鄉飄已遠，往意浩無邊。
錦水細不見，蠻江清可憐。
奔騰過佛腳，曠蕩造平川。

——〈初發嘉州〉

船隻一路向南，漸有紅楓冉朵，夾岸而生，層巒疊嶂，隱天蔽日。日落時分，只見大團大團的紅霧蒸騰在山峰之間，猶如天宮的盛筵。又漸漸地，夜幕像大鳥的翅膀倏爾抖開，漫天星斗浮現天際，船也不再前行，而是停泊在牛口渚，一家人上岸借宿。

見此情景，蘇東坡不由得想起數百年前，李白也曾在這樣的季節夜宿牛口，仰望過同一個月亮。

李白在詩中寫：

「牛渚西江夜，青天無片雲。登舟望秋月，空憶謝將軍。余亦能高詠，斯人不可聞。明朝掛帆席，楓葉落紛紛。」

李白是俠客，屬於那種骨子裡有明月清風的人，抒發的也是知音難覓的思古之幽情，登舟望月，他的筆墨間，蘸著的是一把華麗孤傲的寂寞，如葡萄美酒的香氣，從夜光杯裡泛出來，然後，「繡口一吐，就是半個盛唐」。

蘇東坡看到的，卻是碧水青山間，踩著暮色，背負柴薪回家的山野小民，他們無酒無肉，以菜蔬為食，與麋鹿為友，甘願住在破舊的茅屋裡，教咿呀學語的兒女細數星辰，安於清貧與寒荒。

他的筆，透過牛口的古老月光，從山野的罅隙間窺見了社會底層的不易，於是叩問自身——與他們相比，我到底是個什麼樣的人？如此跋山涉水，為功名奔走，到底是為了什麼？

人生本無事，苦為世味誘。
富貴耀吾前，貧賤獨難守。
誰知深山子，甘與麋鹿友。
置身落蠻荒，生意不自陋。
今予獨何者，汲汲強奔走。

——〈夜泊牛口〉

現代儒學大師馬一浮有詩句云：「已識乾坤大，猶憐草木青。」

這句詩用在蘇東坡身上其實也很貼切。

如果說可愛與樂觀，來源於基因的傳承和修來的福報，那麼良善與仁義，便是一切德行的根基。儒家有訓「立德、立功、立言」，一個人如果看不到民生疾苦，自然不配擁有凌雲之志。

蘇東坡就是個接地氣的人，一個可以隨時脫下朝服，扛起鋤頭，挽起褲腳，去田裡與農民勾肩搭背的人，一個站在船頭，一高興就想與山中行人打招呼的人——「仰看微徑斜繚繞，上有行人高縹緲。舟中舉手欲與言，孤帆南去如飛鳥。」

人生不易，世道彌艱，一如寒江滾滾，風起潮湧，泥沙俱下，但他用一顆悲天憫人、開朗無邪的善心潤開筆墨，卻可以讓人感受到秋日的陽光照在水波上的明亮與溫暖。

船至忠州時，「三蘇」前去憑弔屈原塔，蘇東坡終於找到了答案。

他寫下〈屈原塔〉古詩表其心志：「古人誰不死，何必較考折。名聲實無窮，富貴亦暫熱。」

既然自古富貴如浮雲，又何必去計較生命的長短，官位的高低？無論是為官還是做人，都應當用生命去守護一個國家的安定和一個文士的氣節。風雲變幻，歲月如流，身行於世數十載，唯有精神與文章，才是真正經得起時間淘漉的東西。

的確，很多人在一生的最後，會思索自己追逐過什麼，卻很少有人，會在出發的時候，就明白了自己應該堅守什麼。

換言之，蘇東坡在入仕之前，就已經為自己今後的路做出了選擇。

選擇，即人生。

個性，即命運。

船隻繼續前行，「三蘇」一路造訪名勝古蹟，凡有興致，便會賦詩唱和，相互切磋。過安樂山時，他們看到山上有一種樹，葉片上都長有文字，就像是道士的篆符，一問，此山原來是張道陵[2]修煉成仙的地方。

蘇東坡感嘆道：「天師化去知何在，玉印相傳世共珍。故國子孫今尚死，滿山秋葉豈能神。」

經過巫山廟時，只見上下數十里都盤旋著烏鳶，牠們可以大大方方地取食於行舟之上。蘇東坡問起船家，才知道當地人將牠們視為神明的使者，自然是心生敬畏，愛護有加。

他又寫詩記錄：「群飛來去噪行人，得食無憂便可馴。江上饑烏無足怪，野鷹何事亦頻頻。」

進入三峽後，氣溫變得漸漸寒冷，山間風聲獵獵，船頭已有飛雪撲面，天地與人心卻越發清曠疏闊。

蘇東坡望著山水之間的雪花，一時興起，便提議玩一局文字遊戲，效仿歐陽體來賦詩〈江上值雪〉，然全詩不能以鹽、玉、鶴、鷺、絮、蝶、飛、舞之類的字作比喻，還不能使用皓、白、潔、素等字代替。

於是便有了：「縮頸夜眠如凍龜，雪來惟有客先知。江邊曉起浩無際，樹杪風多寒更吹。青山有似少年子，一夕變盡滄浪髭……」

似這般，寒江之上，旅途無事，蘇家人經常就會坐在船艙中，溫酒聊天，作詩打牌。

2 張道陵：東漢人。五斗米道的創始人，也被視為正一道的創始者。

蘇東坡享受著親情與美景交融的悠閒時光，身邊有家可依，前方有志可酬，感覺一切算不得完滿無缺，但也安然得剛剛好。

只是不知，日後的蘇東坡寫下「詩酒趁年華」的感嘆，有沒有想到這段江行的年華？那個時候，人過中年，物是人非事事休，寫出再好的詩，飲下再烈的酒，也再難擁有與年輕時同等品質的快樂了。

而這個冬天，大雪下了一場又一場，不斷覆蓋行人的痕跡，就像覆蓋世象萬千，人間百態。

只有船上的青年，正兩鬢青山，眉目春風，懷抱理想，穿越小半個中國遠赴京城，等待生命下一個篇章的開啟，漫天飛雪難涼心中熱血，卻不知自己早已站在了命運的轉折點上，人生的結局也已經寫下……

# 第二章：鋒芒畢露的青年心性

# 向神仙論對錯的鳳翔府新官

有人說，成年人只看利弊，小孩子才爭對錯。但蘇東坡心如赤子，無論對方是強權還是弱者，是神仙還是鬼怪，他都要辨明曲直是非。他也始終相信，一個人立足於世間，只要心存浩然正氣，就能無愧於天地與道理。

嘉祐五年（西元一〇六〇年）二月十五日，蘇家人歷經近半年的舟車輾轉，終於到達汴京。那個春天，他們租住在西崗的一處民宅裡，耐心等待著朝廷的安排。

不久後，任命下來了。不知是不是有意要考驗一下蘇家兄弟，仁宗皇帝讓蘇東坡去河南府擔任主簿（處理文書工作），與蘇轍兩人各屬一縣，都是從九品小官。

但兩兄弟皆「辭官不赴」。

因為歐陽修告訴他們，來年將有一場制舉考試，希望他們可以繼續靜心學習，在考試上再次奪魁，從而獲得更好的職位，避免被埋沒。

制舉始於漢文帝，是由皇帝親自主持、親自命題的考試，目的是為國家選拔棟梁之材，制度極其嚴密，難度自然也比科舉更大。

蘇東坡就曾為此感嘆過：「特於萬人之中，求其百全之美。凡與中書之召命，已為天下之選人。而又有不可測知之論，以觀其默識之能；無所不問之策，以效其博通之實。至於此而不去，則其人之可知。然猶使御史得以求其疵，諫官得以考其素。一陷清議，輒為廢人。是以始由察舉，而無請謁公行之私；終用考試，而無倉卒不審之患……」

這樣的考試就連蘇東坡心裡也完全沒底，會在考試之前擔心自己才不如人。最根本的原因，就是考生們根本不知道皇帝會考什麼，沒有方向，便只能把自己修練成一個全才，方能保證每一處都無懈可擊。

怎麼說呢，如果說科舉考試是選拔人才，那麼制舉考試就是選拔人傑。

制舉考試在嘉祐六年七月舉行，首先是收集作品，參加祕閣考試，然後從中選出特別優秀的考生才有資格步入崇政殿面聖，也就是參與最後名額的角逐。

是年八月二十五日，蘇東坡與蘇轍如願來到了仁宗皇帝的面前。

這一次，仁宗皇帝考的還是策問，他給蘇東坡的策題是「賢良方正」，給蘇轍的則是「直言極諫」，規定對策必須三千字以上，當日內完成。

怎料蘇東坡一個人就寫了五千五百字，且無一贅言虛辭，文思沛然，文義深遠，讓仁宗甚為滿意。

據說仁宗當天回到宮中後一直面有喜色，曹皇后問及，便說了一句：「今日為子孫得了兩個太平宰相。」

果然，考試成績出來後，蘇東坡位於第三等，蘇轍為第四等，當時制舉分五等，一二等為虛設，第三等已經是最高的等級。仁宗給蘇東坡御賜的成績，自制舉以來，獲此殊榮者，還只出現過一個。

年底時，仁宗皇帝給蘇家兄弟安排了新的任命，正式將他們送入仕途的第一站。蘇東坡被授予大理評事、鳳翔府簽判，也就是知府大人的助理，官銜屬於正八品。蘇轍為商州推官，品級與蘇東坡一樣，但因要在汴京侍奉老父，所以推遲了任期。

而通過歐陽修的極力舉薦，老蘇也在這個時候以免試資格獲得了一份清閒的官職，被任命為校書郎，同時負責為仁宗皇帝編寫生活日記。雖說老蘇最終並未得到展現他治國之才的機會，但總算是在有生之年，慰藉了青年時入仕的夢想……且從此之後，「三蘇」名揚天下。

這一年的十一月十九日，蘇東坡在赴任鳳翔的馬背上寫下了一首詩：

不飲胡為醉兀兀，此心已逐歸鞍發。
歸人猶自念庭幃，今我何以慰寂寞。
登高回首坡隴隔，但見烏帽出覆沒。
苦寒念爾衣裘薄，獨騎瘦馬踏殘月。
路人行歌居人樂，童僕怪我苦淒惻。
亦知人生要有別，但恐歲月去飄忽。
寒燈相對記疇昔，夜雨何時聽蕭瑟？
君知此意不可忘，慎勿苦愛高官職。

——〈辛丑十一月十九日，既與子由別於鄭州西門之外，馬上賦詩一篇寄之〉

從詩中可以看出，當時蘇東坡的心情很不好，分明不曾飲酒，卻覺得思緒沉沉，滿懷落寞，四野黯然失色。

那一天，蘇轍去送哥哥蘇東坡，兩兄弟依依惜別，一不小心就從汴京送到了鄭州，合計一百多里。

送兄千里亦須一別。蘇轍與蘇東坡分別後，便獨自一個人騎著瘦馬，踏著斑斑月光往回走……這一次，又換成了蘇東坡的一場目送。

他登高回望，戀戀不捨，漸漸地，視線盡頭，已經只能看到蘇轍的烏帽在起伏的山丘間時隱時現，就像在海浪間漸行漸遠的小船，單薄又孤獨，不免一陣淒涼，心間漲潮似的灌滿了溼答答的往事。

幾個月前，為了應對制舉考試，他們兩兄弟一起在風雨夜挑燈苦讀，讀到韋應物的詩句「安知風雨夜，復此對床眠」，不禁雙雙惻然感之，於是立下盟約，以後早早退休，閒居在一起，再續「夜雨對床」之樂。

也難怪啊，自出生起，蘇轍就一直陪伴在蘇東坡身邊，二十餘年甘苦與共，兩兄弟從未分開過。

對於蘇東坡來說，蘇轍的位置，沒有人可以代替。蘇轍不僅是兄弟，更是知己，甚至說是他的半條命也不為過。

所以在詩中，蘇東坡嘆息道：「夜雨何時聽蕭瑟？」

和蘇轍在一起，蕭瑟的夜雨也是好聽的……

可惜從此之後，就像蘇東坡的預感，一入仕途深似海，太多的身不由己，時不我與，他和蘇轍的確再也沒能回到從前那種無憂無慮、相依相伴的時光了。

十二月十四日，蘇東坡正式到鳳翔府報到。

鳳翔府位於陝西西部，渭水之濱，與汴京相隔一千餘里，是周文王當年飛熊入夢得賢臣的地方，秦始皇的加冕之地，又因傳說中秦穆公之女弄玉吹笛引鳳而得名。

鳳翔府也是北宋與西夏交界的地方，曾經連年災荒，飽受戰亂之苦。雖然朝廷後來用真金白銀換得一時安定，但就在蘇東坡到任之時，依然還是一片貧窮荒蕪之象。

在鳳翔府，蘇東坡的第一任上司是太守宋子才，同事是縣令胡允文。

宋子才其人溫雅敦厚，對這名新來的助理很是照拂，也讓蘇東坡許多年後還在感念他的顧遇之恩。胡允文則是蘇東坡的老鄉，兩個人少年時就認識，個性也算合得來，經常在公務之餘一起約酒、約飯、聊天、吃茶，重溫蜀中舊夢。

放長假的時候，蘇東坡喜歡去周邊走走，拜訪名勝古蹟，遊歷廟宇山川。

比如到孔廟看石鼓，那些石鼓都是周秦時期的文物，鼓上雕刻著天書一般的銘文，如龍蛇遊走，玄妙無比，韓愈還曾為其寫過詩。蘇東坡見到石鼓後，也認不全上面的銘文，於是感嘆道：「韓公好古生已遲，我今況又百年後。」

蘇東坡還去了終南山尋幽，那曾是王維隱居的地方。在普門寺與開元寺，他又看到了王維與吳道子的真跡。在畫作方面，這兩位前輩都是他所思慕的人。他喜歡王維的高妙清潔，詩畫合一，「味摩詰之詩，詩中有畫；觀摩詰之畫，畫中有詩」，他也喜歡吳道子的筆意雄放，氣吞風雲，「出新意於法度之中，寄妙理於豪放之外，所謂遊刃餘地，運斤成風……」

他曾在上元夜的殘燈下看王維的畫壁，恍然久之，不覺夜深。他也曾花費半年的薪水買下吳道子的畫作送給父親收藏，以盡孝心。

而通過他留下的這些文字，我們也能從側面看出他對書畫乃至對生活的審美標準。

蘇東坡是到鳳翔一年後才擁有自己的官舍的。雖名為官舍，實際上卻是一個只有幾株瘦樹的小院子。

不過，這個小院子現在有了一名熱愛生活又極富設計天賦的主人。

蘇東坡先是在院子裡種了許多草木，春有桃李，夏有蓮荷，秋有木樨，冬有梅竹，可供人四季清賞。他還專門從野外「邀請」鳥雀來築巢，一時鳥鳴啾啾，整個院子都充滿了生機。接著又鑿出魚池，加築小橋，構建迴廊、涼亭、軒窗、幽檻，閒暇時便可臨池飲酒，花下臥眠，坐擁明月，靜靜品味自己親手建造的一隅風雅。

當然，在工作方面，蘇東坡也一直非常勤勉和出色，可以說是一個心懷百姓的務實派。除了平時在辦公室簽署公文之外，蘇東坡還要負責監督極為艱難的「衙前」服役。所謂「衙前」，就是為朝廷提供義務勞動的百姓，他們有時為邊疆的守軍運送糧食，提供軍需，有時為京城運輸終南山的木材，不僅極為勞累，更是要承擔災禍的風險，日子過得苦不堪言。

比如運輸木材，經常是朝廷一聲令下，「衙前」就必須趕在收貨日期之前，把木材編成木筏，通過渭水流入黃河再送到京城。但萬一遭遇枯水期，或者是漲水期，運輸就會變得舉步維艱，從而導致一場「衙前」的災難，很多人都會因此受到處罰，輕則傾家蕩產，重則坐牢喪命。

蘇東坡決心改變這一政弊。

在深入瞭解情況之後，他便連夜寫了一份長信給當朝宰相韓琦，反映鳳翔「衙前」

實況，並懇請朝廷，可以准許「衙前」根據水情來自行決定運送木材的時間，如此即可減少運輸過程中的損失，又能減輕百姓的負擔。

朝廷很快答應了蘇東坡的請求。自此之後，「衙前」之災便好轉了一半。

蘇東坡上任後的第二年，也就是嘉祐七年（西元一〇六二年）的春天，小麥和稻穀正在成長，但已經有兩季沒有見著雨雪了，如果還不下雨，老百姓一季的勞作必將化為烏有。

蘇東坡很著急，身為地方官，他憂心收成，求雨更是職責所在。經過一番溝通，他決定與陳太守齋戒三日，然後帶著貢品上太白山求雨。

太白山在鳳翔城南，是秦嶺最高的山峰，相傳山神就住在山上的廟宇裡，他掌管一方風雨，經常還會化作小魚在山頂的小池遊玩。

為此蘇東坡專門寫了一篇祈雨的文章，對山神動之以情，曉之以理，希望山神能夠明白久旱無雨的嚴重後果，不僅對百姓是一場災禍，對神靈的口碑也有影響：

……乃者自冬徂春，雨雪不至。西民之所恃以為生者，麥禾而已。今旬不雨，即為凶歲；民食不繼，盜賊且起。豈唯守土之臣所任以為憂，亦非神之所當安坐而熟視也。

聖天子在上，凡所以懷柔之禮，莫不備至。下至愚夫小民，奔走畏事者，亦豈有他哉？凡皆以為今日也。神其盍亦鑒之？上以無負聖天子之意，下亦無失愚夫小民之望。尚饗。

——〈鳳翔太白山祈雨祝文〉

幾天之後，山神彷彿聽到了蘇東坡的祈求，給鳳翔下了一場毛毛雨。但顯然，這一點雨水完全不能緩解災情。

蘇東坡想弄清楚原因，便深入群眾，查閱典籍，終於發現了一條重要的線索，那就是山神被降職了。自從宋朝皇帝給山神封了一個「濟民侯」之後，求雨就再也沒有靈驗過了，而在唐朝，山神的封號可是「神應公」呢。

儘管蘇東坡一直認為，讓上地風調雨順，應該是一方神靈的職責，但他還是立即寫了一道奏摺稟明仁宗皇帝，請求為山神加官（話說誰還能沒有一點小性子呀，神仙也不例外，好吧，能理解……），然後再上太白山，走了儀式，知會了山神，又從廟前的小池裡取了一盆「龍水」，打算帶回來供奉。

怎料還在回城的路上，漫天的烏雲就壓過來了，蘇東坡趕緊找路邊的農夫借了一個簍子，伸手摘下一朵烏雲，念道：「雲布多峰，日有焚空之勢；雨無破塊，人懷暍虐之憂。雖屢叩於明靈，終未懷於通感。府主舍人，存心為國，俯念輿民。燃香靄以禱祈，對龍湫而懇望。伏願明靈敷感，使雨澤以旁滋；聖化薦臻，致田疇之益濟……」

就這樣，一場大雨終於劈頭蓋臉地降下來了，而且一下就下了三天，連綿的雨水潤澤了大地，也讓百姓的收成有了希望。

久旱逢甘霖，大喜事也。官吏們開始舉杯慶祝，商賈們在市場上放歌，農人們在田地間舞蹈，悲傷的人霎時沒有了憂愁，就連生病的人也好了一半。

而這件喜事也剛好可以用來給蘇東坡新修的亭子命名。

於是，千年過後，我們在課堂上便多了一篇要求背誦的〈喜雨亭記〉。

……既以名亭，又從而歌之，曰：使天而雨珠，寒者不得以為襦；使天而雨玉，饑者不得以為粟。一雨三日，伊誰之力？民曰太守。太守不有，歸之天子。天子曰不，歸之造物。造物不自以為功，歸之太空。太空冥冥，不可得而名。吾以名吾亭。

話說又有一次，蘇東坡經過一條山路，身邊有個士兵突然神情痛苦，喪失了理智，將自己的衣服全部脫了下來。同時山間狂風大作，大家都說是山神的責怪。

蘇東坡覺得這位山神有點不講道理，就跑到廟裡去理論：

「……此一小人如蟣虱爾，何足以煩神之威靈哉？……竊謂岳鎮之重，所隸甚廣，其間強有力富貴者，蓋有公為奸慝，神不敢於彼示其威靈，而乃加怒於一卒，無乃不可乎？」（對於山神您來說，一個士兵就像是虱蟲草芥，有什麼好勞煩您動怒的呢？可惜，在您掌管的地界，有那麼多大奸大惡之徒，您卻不敢對他們發火。）

一番理論後，山間的風更猛烈了，士兵們都很害怕，他們停止了腳步，擔心山神會發更大的脾氣。只有蘇東坡依然行走在風沙裡，昂首而立，正氣凜然，無憂無懼，彷彿是在與山神對峙。

怎知過了半晌，風漸漸停了下來，那個士兵也恢復了正常。

蘇東坡微笑起來，他認為是自己用正氣戰勝了山神。

有人說，成年人只看利弊，小孩子才爭對錯。

但蘇東坡心如赤子，無論對方是強權還是弱者，是神仙還是鬼怪，他都要辨明曲直是非。他也始終相信，一個人立足於世間，只要心存浩然正氣，就能無愧於天地與道理。

只是世間終究不是每一件事情都有道理可講，很多時候，年輕氣盛的蘇東坡也會感到沮喪和無力。

嘉祐八年（西元一〇六三年）三月，京城發生了一件大事，仁宗皇帝駕崩了。葬禮定在八月。所以在此之前，朝廷必須要用大量的木材來修建陵墓。那麼也就是說，蘇東坡曾經好不容易修改的「衙前」規定，也突然算不得數了。

雪上加霜的是，當時又遇上了乾旱，渭河水位下降得很快，眼看就不能載運木材，蘇東坡心急如焚，連飯都吃不下，只好再去找太白山的山神求雨。但他用盡了辦法，費盡了口舌，還是沒能打動山神。他又去渭河邊找姜太公的靈魂幫忙，希望可以讓渭水重新奔騰，早日解脫「衙前」的漫漫苦役，可是姜太公也沒有聽到蘇東坡的訴求。

最後，「衙前」們就只能拖著木材，在泥漿中艱難前行，五個月日夜不息。

蘇東坡也只能以詩哀嘆：

「千夫挽一木，十步八九休。渭水涸無泥，菑堰旋插修，對之食不飽，餘事更遑求……」

不能為百姓排憂解難，蘇東坡一直覺得內心有愧，每天寢食難安，一下便消瘦許多。這一年秋天，好不容易把木材運完，他又接連生了幾場大病。

在病中，他寫下〈思治論〉，洋洋數千言，字字如刀戟，直指政治弊端，天下之患

——「財之不豐、兵之不強、吏之不擇」，繼而提出革新之策——「課百官、安萬民、厚貨財、訓兵旅」、「發之以勇，守之以專，達之以強」……處處為百姓著想，為家國之憂而憂。可惜上書朝廷後，卻被宰相韓琦視為「書生之言」棄之。

他也依舊沒忘記給蘇轍寫信傾訴心事，從鳳翔到京城，信件十天一往返，他們從未間斷過：「明年豈無年，心事恐蹉跎」、「惟有王城最堪隱，萬人如海一身藏」、「萬事悠悠付杯酒，流年冉冉入雙鬢」……

他既擔心自己蹉跎了歲月，又羨慕蘇轍在京城的自由，病中思緒就像是一團亂麻，剪不斷，理還亂。

這個時候的他，或許還在隱隱期盼一個日期的到來。

因為再過一年，他在鳳翔的工作就可以任滿，將回到京城接受新職，與蘇轍相聚，然後換一個更大的舞臺，施展才華，實現報國之志。

而這時候，京城的一場政治風暴也正在醞釀，一個比他更執拗的人，正在朝堂上等待著他，與之一較高下。

## 生死離合，一如白雲聚散

現在，她長大了，年華如玉，眉目盈盈，雖沒有堂姊那般博學多才，但自有賢淑的品格和春水一般溫柔的性情，能嫁給這位優秀的姊夫是她一生中最為驕傲的事。

治平二年（西元一〇六五年）正月，蘇東坡三年鳳翔任滿，終於可以攜家眷回京供職了。

新登基的宋英宗比蘇東坡年長五歲，非常仰慕蘇東坡的文才，一聽說蘇東坡還朝了，便想將其召入翰林院，授予起草詔書的職務，也就是皇帝的機要祕書，日後還能直接提拔為宰相。

但宰相韓琦不贊成。他對皇帝說出了自己的理由——蘇東坡的確很有才華，是一個可以成大器的人，他日也定然是要為天下所用的，那麼就應該先放在朝廷培養著，循序漸進地讓他成長，如此才能讓天下人在仰慕他的同時，還能敬重他，信服他，而如今，他畢竟年紀太輕，且只有三年的文官資歷，如果驟然破格錄取，反而對他不利。年輕的皇帝覺得有道理，卻還想在老宰相面前為蘇東坡再爭取一下：「可是這樣的破格錄取，唐朝也曾有過先例……」

老宰相堅持己見：「陛下，還是讓他按照規定來，先通過學士院的館閣考試吧。」

皇帝嘆息一聲，同意了。

不久後，韓琦的政敵便向蘇東坡悄悄透露了這段君臣間的對話，言語間似有離間之意。

蘇東坡卻笑道：「韓公乃君子，故愛人以德。」

他相信韓琦是有德的君子，之所以不同意皇帝破格錄取他，正是用德行在愛護他。

就這樣，蘇東坡又參加了一次入職考試，他交了兩篇論文，結果以最高分入選直史館，官居六品。

蘇東坡名正言順地接下了這份京城的新工作。「館閣之職，最重文才」，在宮中的圖書館，他見到了許多之前無緣得見的珍本圖書、名人字畫，於個人興趣而言，可謂如魚得水，同時也磨礪了他在書畫方面的才華。

這是一段悠然的時光。下班之後，他也會彈琴自娛，竹軒依依，信指如歸，胸中古意，綿綿浩蕩。

如果非要說有什麼遺憾的話，那就是蘇轍的外任，兩兄弟又要開始魚雁傳書了。

然而，世間情分，一如白雲聚散，命數也更是半點不由人——

這一年五月，芳齡二十七歲的王弗溘然離世。

喪妻痛，摧心肝。是年六月，蘇東坡將妻子的靈柩暫放在京城西郊，準備日後再帶她的香魂還蜀，安葬於蘇家祖墳，母親程夫人的身邊。

怎料第二年四月，蘇東坡的父親蘇洵又繼而辭世，讓他的心舊創未癒，又添新傷。

他謝絕了皇帝的贈銀和友人的厚禮，只代父親接受了朝廷的追封——光祿寺丞。蘇洵在京的幾年，一直兢兢業業，為宋室編寫《禮書》與《易傳》，那是他生前就值得享有的榮譽。

治平三年（西元一〇六六年）六月，蘇東坡與蘇轍皆辭去了官職，準備由汴水入淮河，扶柩還鄉，依禮守制。

這一次，歐陽修以同事及老朋友的身分為老蘇撰寫了墓誌銘，英宗皇帝則專門指派了一條官船給蘇家兄弟使用。

按照歐陽修所寫的墓誌銘，英宗皇帝對於老蘇的去世是「聞而哀之」，或許對於這個喜愛文學的年輕皇帝來說，蘇洵不僅是他的臣子，更是他仰慕之人的父親。只是這個時候的他還並不知曉，前不久他命司馬光編修《資治通鑒》，將是他在位時唯一可以載入史冊的政績，而他與蘇東坡的汴水一別，也將是人生中的最後一面。又或許他也是有過某種陌感的，畢竟藥爐煙裡歲月薄，他身體歷來孱弱，要不然，昔日聖殿之上，與韓琦談及蘇東坡，他便不會有那一聲身不由己的嘆息。

當蘇家兄弟守喪期滿，第三次從故鄉來到京城時，已經是熙寧二年（西元一〇六九年）的春天。

這時，與蘇東坡一起來到京城的，還有他的第二任妻子，王弗的堂妹王閏之。

多年前，東坡在眉山守母喪，聞之還只是一個尚未及笄的小女孩，還經常跟在堂姊夫的身後，聽他講述京城的趣事。他英俊、高大、幽默、熱忱，且滿腹文采，她一直記得他的音容與言行。

現在，她長大了，年華如玉，眉目盈盈，雖沒有堂姊那般博學多才，但自有賢淑的品格和春水一般溫柔的性情，能嫁給這位優秀的姊夫是她一生中最為驕傲的事。她甚至不知道什麼叫官場險惡，她只知道，自己會一心一意地陪伴在他身邊，與他一同迎接風雨榮光。

這時，京城的龍椅之上，也已經換了主人。

兩年前的正月，英宗皇帝英年駕崩，十八歲的皇太子趙頊繼位，是為神宗。

彼時，這位渴望國富兵強的少年天子望著大宋的江山——汴京城內，一片太平景象，青樓畫閣，羅綺飄香，雕車寶馬，金翠耀目，柳陌花衢，簫鼓喧空……然而透過繁盛的表象，他看到的卻是強敵壓境，索求無窮，軍備廢弛，人心渙散的外患；國庫空虛，民不聊生，政事衰頹，暮氣沉沉的內憂。

他不禁憂心如焚。

是的，他的心裡有一團火，可惜放眼朝堂之上，那麼多的天潢貴胄、文武大臣，他卻看不到一個與自己心意相通的人。

一天夜間，他召見一名諳熟兵法的大臣，說起北遼戰事，臉上布滿了恥辱與痛楚。

「曾經，太宗自燕京城下兵敗，被北虜窮追不捨，僅得脫身。行在[3]服御[4]的寶器，都為所奪，隨行的宮嬪，皆淪陷虜中。太宗大腿上中了兩箭，每年都要發病，後導致駕崩。這本是不共戴天的仇恨，我們卻還要每年捐獻那麼多的金帛，去安撫他們的野心，難道為人子孫者，就應該這樣嗎？」

他字字傷心，末句一問，竟兀自掩面哭了起來。

而聖殿之外，宮燈長明，天地之間正飛舞著細細的雪花，宮牆外的許多人，都安然進入了夢鄉。

他們不知道，那龍椅上隱忍又悲憤的哭聲，會像叢林深處一隻蝴蝶翅膀的顫動，將隨著一個人不久後進京的腳步，而颳起一場政治革新的龍捲風，繼而影響大宋王朝往後的命運。

3 行在：古時帝王巡幸所居之地。
4 服御：衣服和車馬等物品。

## 與「野狐精」王安石交手

一天，王安石打開他的《字說》說道：「『波』，水之皮也。」蘇東坡覺得是無稽之談，穿鑿附會，便問他：「照你這麼說，『滑』就是水之骨囉？」王安石無語。

是時候了。

熙寧元年（西元一〇六八年）四月，神宗皇帝第一次見到久聞其名的王安石。時年四十六歲的王安石才華卓絕，雷厲風行，曾給仁宗皇帝上過萬言書論政改革，也曾數度拒絕英宗皇帝的召喚，如今，以江寧（江蘇省南京市）知府身分「越次」（不必遵循朝廷的禮儀）進京的他，終於成了新皇的貴客。

垂拱殿內，雄心勃勃的神宗皇帝問王安石：「治國以何者為先？」

王安石淡然答之：「治國之道，當效法先代，革新現有法度。」

「唐太宗如何？」

「陛下，您當以堯、舜為標準，不必效仿唐太宗。堯舜之道，至簡而不繁，至要而不迂，至易而不難，後來的人認為遙不可及，不過是因為缺乏瞭解。」

「卿這是在責備朕啊。不過，朕也不願辜負卿的期望，還望卿全力輔佐朕，共濟堯舜之道。」

「大有為之時，正在今日。臣當萬死不辭。」

熙寧二年二月，為了改變大宋積貧積弱的局面，在神宗的鼎力支持下，被任命為副宰相的王安石開始變風俗，立法度，大刀闊斧地將他醞釀多年的理想付諸了行動，史稱「王安石變法」：建立制置三司條例司，以主持新政；變富國之法——立均輸法、青苗法、市易法、免役法、方田均稅法、農田水利法，以充盈國庫；變強兵之法——立保甲法、裁兵法、將兵法、保馬法、軍器監法，以穩定疆土；變取士之法——改革科舉制度、太學三舍法、貢舉法……

然而新法一出，朝廷黨派也就此分野，群臣紛紛站隊，最後分化成以王安石為首的變法派和以司馬光為首的保守派。

王安石認為，「天變不足畏，人言不足恤，祖宗之法不可守」，時任御史中丞的司馬光，曾有過五年諫官生涯的他則認為，對於祖宗之法，應該「存其善而革其弊」，可以節儉，可以整治，但首先要以百姓為主，安定民心，就像是一間大的房屋，可以修整不好的設計，可以彌補漏洞，但重要的構架不可拆除，更不必再造一間。

因為最核心的政見各不相同，兩黨經常在朝堂上水火不容，針鋒相對。

譬如立青苗法時，王安石的想法是在每年二、五月青黃不接時，官府給農民提供貸款和貸糧，農民在豐收的季節連本帶利歸還，如此官府可以賺到錢，又限制了民間高利貸對農民的剝削，農民也可以獲得最直接的幫助。

但司馬光堅決反對，他告訴皇帝，農耕年代，農民的產出幾乎是守恆的，王安石所謂的理財手段，不過是變了一種方式，將農民的錢都奪取到官府的口袋裡。

事實也證明，變法的結果與最初的構想，的確有著雲泥之別。

在變法之初，貸款本是「取民情願」，但地方官吏多急於求成，為了邀功，便強迫農民貸款，這樣一來，惠民變成了禍民，自願也變成了指標，農民不可不貸，利息重重疊加，官府層層盤剝，加上原來的苛捐雜稅，竟比天災更甚，每到還款時間，農民只能受刑受苦，或負債逃逸，或賣兒賣女，或投河自縊……

諸如此類，各法流弊所至，皆民怨如沸。

所以這一次，還朝復官的蘇東坡毫不猶豫地站到了保守派的隊伍裡。曾幾何時，他也希望朝廷能革新政法，奮剛健之威，但如今看到新法的種種弊禍，向來關心民生疾苦的他，內心卻始終無法安寧。

與此同時，因為兩黨之爭，許多老臣都失望地離開了京城，或辭官故里，或請求外任，顯然，朝堂已成了沒有硝煙的戰場。

熙寧三年（西元一〇七〇年）正月，蘇東坡求見神宗，諫言王安石科舉改革之後的弊端。

神宗想起蘇東坡的文名，便問他：「如今政令得失安在？朕的過失，卿也但說無妨。」

蘇東坡理性地指出了變法的得失，又說：「如今，天下人以為是爭利的，陛下卻以為是仁義的；天下人以為是貪婪的，陛下卻以為是廉潔的。」他將變法後的國家形容為「盲人騎瞎馬，夜半臨深池」，然後一針見血地指出：「陛下，您天縱文武，不是因為不英明，不是因為不勤勉，也不是因為不果斷，而是因為求治太速，聽言太廣，進人太銳。」

皇帝陷入了漫長的沉默。

蘇東坡不知道自己是不是冒犯了天威，因為他說的每一句話都可能被殺頭，被流放。但他的個性決定了他每一句話都必然發自肺腑，如若不然，就會像吃了蒼蠅一樣難受，哪怕是面對皇帝，他也會直言不諱。

但在告退時，他卻聽到皇帝溫和地對他說：「蘇卿身在館閣，能為朕深思治亂，不必有什麼顧慮，卿所獻之言，朕自會深思熟慮。」

皇帝的話讓他看到了扭轉政局的希望，而皇帝的寬容又讓他感動不已，他滿面春風地走出宮門，迫不及待地把這個好消息告訴了朋友們。

這件事很快傳到了王安石的耳朵裡。

王安石提醒皇帝，自己才是皇帝最忠實的盟友，至於蘇東坡，雖才學頗高，但所學不正，且非我同盟，其心必異，故不足為信。

皇帝沒有阻止新法推行的進度，但也保留了蘇東坡一部分的意見。

剛正不阿、文采翩翩的蘇東坡給皇帝留下了很不錯的印象。

皇帝接下來便跟王安石商量，想把蘇東坡調到身邊來，給自己修《起居注》（記錄皇帝的一言一行）。

王安石生氣極了，他壓下自己內心的熊熊怒火，再一次用他的辯才說服了皇帝。在他眼裡，蘇東坡無疑是保守派那邊軍師級別的人物，如果讓其與皇帝朝夕相處，那簡直就是給自己招來了一個臥底。

一段時間過後，蘇東坡就被王安石任命為開封府推官。

王安石本意是讓蘇東坡忙得團團轉，從而遠離朝政，同時遠離晉升公卿宰相的機會，畢竟推官是一份極為煩瑣的工作。

就像這一年的冬天，他的很多對手都已鎩羽而去，如歐陽修、韓琦、司馬光、張方平等老臣都離開了京城。

為了明哲保身，還朝後被安排在王安石手下任職的蘇轍也離開了。

蘇東坡一個一個地去送別他們。

他是個淚點低的人，每次想念親友的時候，都能熱淚盈眶。孤獨的時候，便只能將一腔愁悶都傾訴在筆墨之間。

閉戶時尋夢，無人可說愁。
還來送別處，雙淚寄南州。

——〈次韻子由初到陳州二首〉

當時的王安石已經成為一人之下，萬人之上的宰相，並完成了《字說》二十四卷，論證字的構造與起源，正打算獻給神宗皇帝，頒行天下。

同時，步入人生巔峰的他，也越發專斷獨行，沒有人可以改變他的想法，哪怕明知是錯，他也絕不回頭。

可惜這樣的個性用在政治上，通常都會釀成災難。

王安石死後被人稱為「拗相公」，當權的時候，只有蘇東坡敢公然反駁他，不管是政論，還是文學。

一天，王安石打開他的《字說》說道：「『波』，水之皮也。」

蘇東坡覺得是無稽之談，穿鑿附會，便問他：「照你這麼說，『滑』就是水之骨囉？」

王安石無語。

蘇東坡又問：「那麼你知道『鳩』字為何是九個鳥嗎？」

王安石解釋不出來。

蘇東坡決定戲弄一下王安石，就說：「《詩經》裡有個句子：『鳲鳩在桑，其子七兮。』你看七個小鳥，再加上牠們的爹娘，不正好是九個啦？」

看到王安石一本正經地聽著，蘇東坡實在忍不住，當場便笑得直不起腰來。

當然，這樣的「笑話」，與其說關乎文化和學問，不如說是一面個性的鏡子。因為撇去政見和個性，蘇東坡還是很佩服王安石的文采，王安石的詩詞也曾讓蘇東坡發出過「此老真乃野狐精也」的感嘆。

而且這個被梁啟超稱為「不世出之人才」的高士，「視富貴如浮雲，不溺於財利酒色」，私生活也滴水不漏，盡善盡美。他清廉得可怕，拒絕坐轎，拒絕納妾，萬事節儉，死後沒有任何遺產，似乎為了那個救國的理想，他已經修煉成了金剛不壞之身。

即便是與政敵過招，被皇帝罷相的時候，他的精氣神也依然屹立不倒，睥睨一切。直到他的兒子王雱因病離世，他的致命弱點才真正地被擊中，從此一蹶不振，心氣渙散，隱居在金陵，再也不理會人間世事。

當時，熙寧三年冬天的王安石，還在忙著懊惱，蘇東坡的名字又出現在了皇帝面前。國喪已滿，神宗想在宮中舉辦一個規模空前的上元燈會，討祖母和母親歡心。為了節省開支，保證貨源，皇帝又下令低價收購燈籠，禁止百姓購買。

一時間，京城的百姓和商戶都紛紛嘆氣。

蘇東坡知道後，立即寫了一篇諫言給皇帝，希望皇帝不要損害老百姓的衣食之計，繼而失了民心。

皇帝思索了一番，覺得蘇東坡的話很有道理，遂收回成命。

這件事不僅讓蘇東坡「驚喜過望，以至感泣」，還讓他相信，神宗是一位從善如流的皇帝，那麼就算自己一次又一次地冒死諫言，也是值得的——「有君若此，其忍負之？唯當披露腹心，捐棄肝腦，盡力所至，不知其他。」

於是，熙寧四年（西元一〇七一年）二月，蘇東坡決定再次為民請命。「以螻蟻之命，試雷霆之威」，冒著「大則身首異處，破壞家門，小則削籍投荒，流離道路」的危險，蘇東坡夜以繼日，幾易其稿，奮筆寫下長達數千言的〈上神宗皇帝書〉，懇求皇帝廢黜新法，罷制置三司條例司：

臣之所欲言者三，願陛下結人心，厚風俗，存紀綱……孔子曰：「工欲善其事，必先利其器。」又曰：「必也正名乎。」今陛下操其器而諱其事，有其名而辭其意，雖家置一喙以自解，市列千金以購人，人必不信，謗亦不止。夫制置三司條例司，求利之名也；六七少年與使者四十餘輩，求利之器也。驅鷹犬而赴林藪，語人曰，我非獵也，不如放鷹犬而獸自馴；操網罟而入江湖，語人曰，我非漁也，不如捐網罟而人自信。故臣以為，消讒慝以召和氣，復人心而安國本，則莫若罷制置三司條例司。夫陛下之所以創此司者，不過以興利除害也。使罷之而利不興，害不除，則勿罷；罷之而天下悅，人心安，興利除害，無所不可，則何苦而不罷？

他繼而一步一步拆穿新法實行的真相——「愁怨之民，哭聲振野」，而當時奉朝廷之命前去調查的人，皆言「民盡樂為」。

青苗放錢，自昔有禁，今陛下始立成法，每歲常行，雖云不許抑配，而數世之後，暴君汙吏，陛下能保之歟？異日天下恨之，國史記之曰，青苗錢自陛下始，豈不惜哉？

蘇東坡就像魏徵進諫唐太宗一樣地提醒皇帝，水可載舟亦可覆舟，失人心者必失天下——「臣願陛下解轡秣馬，以須東方之明，而徐行於九軌之道，甚未晚也。」

這封諫言書呈上去之後，蘇東坡滿懷期待，希望可以一石激起千層浪，但遺憾的是，只蕩起了幾絲小小的波紋。

皇帝除了下令禁止強迫農民貸款之外，對新法並未做任何的改動。反而是蘇東坡，不久後便遭到了彈劾，也是他入仕之後遇到的第一支冷箭。

彈劾他的人正是王安石的親戚，那個人告訴皇帝，蘇東坡的人品有問題，因為蘇家兄弟當年護送父親的靈柩回鄉時，曾濫用職權，差借兵卒，且在船內販賣私鹽、瓷器和蘇木等物品，從中謀取私利。

為了將案件「調查清楚」，御史臺擺出了很大的陣勢，還逮捕了許多人，包括曾經與蘇東坡同行的兵卒和船夫。

王安石在皇帝面前趁熱打鐵：「陛下，您為什麼不罷黜蘇軾呢？莫非是愛惜他的才華？您要知道，如果要馴服一匹頑劣的馬，就必須減少糧草，加重牠的負擔，才能將其馴服為人所用。像蘇軾這樣的人，若不將他逼入困境，使其自我悔過，怎麼能為陛下所用呢？」

朋友們都擔心蘇東坡有牢獄之災，其中就包括已經離開京城的司馬光。

為了幫助蘇東坡洗清冤屈，司馬光匆匆進京，到垂拱殿求見皇帝。

皇帝問司馬光，蘇東坡的人品到底如何。

司馬光凜然反問之：「昔日蘇軾喪父，韓琦送他三百兩銀子，歐陽修送他二百兩，他都謝絕了，現在，有人說他在船上夾帶私鹽，敢問陛下，是販賣那麼一點私鹽賺的錢多，還是別人送的銀子多？王安石素來痛恨蘇軾，陛下應該知道。但那個彈劾蘇軾的人，不正是王安石的鷹犬嗎？如果說起人品，蘇軾雖談不上完美，但怎會比李定差？李定不服母喪，禽獸不如，王安石還要提拔他，那又為什麼要針對蘇軾呢？」

不知是司馬光的一番話起了作用，還是因為彈劾案的取證一直毫無收穫，蘇東坡最後並未入獄，也未定罪。

但蘇東坡因為這件事，倦怠了好幾個月。

或許對於他來說，被人暗算，被人冤枉都是意料之中的事，黨爭嘛，正常。

他也不屑爭辯，辯書都不打算寫。

他只是傷心，一個莫須有的罪名，一個顯而易見的事實，竟然讓他失去了皇帝的一部分信任。

他曾為之驚喜，為之感動，想要為其披露腹心，捐棄肝腦的人，即便是對他產生百分之一的懷疑，對他都是傷害。

不過好在接下來發生的事，也算小小地慰藉了一下他的心傷。

塞翁失馬，焉知非福，因為彈劾案一事，蘇東坡將被調離京城。王安石想讓他去潁州（今安徽省阜陽市）擔任通判，使其孤立無援，在困境中自悔。皇帝卻順水推舟，將他的外任之地改成了杭州，令其在東南第一州，用才華與美景一起發光發亮。那裡不僅有水光瀲灩，山色空濛，更有烈酒如歌，佳人若畫，良朋如金……

所以，也可以說，雖然王安石為他關上了汴京城的一扇門，皇帝卻又悄悄地為他打開了另一個小宇宙。

如此想一想，人生還真是多有失意。若不是遠方一直有蘇轍這樣的深情手足在，若不是身邊常有良朋美景，還真不知道要如何一慰這錚錚鐵骨，菩薩柔腸。

## 外放杭州，霹靂手段與菩薩心腸兼具

熙寧四年（西元一〇七一年）七月，蘇東坡帶著家人沿水路離開汴京，前往杭州上任。

出京之後，他先是去了陳州（河南省淮陽市，又名宛丘）看望蘇轍。

當時，蘇轍正帶著妻兒在陳州當教書先生，全家擠在一間破敗的小房子裡，蔬食三餐，風雨飄搖。

一見到弟弟，蘇東坡的眼淚就下來了。

然而看到蘇轍高大的身軀弓在低矮的教室裡，他馬上又露出了頑皮的本性，忍不住打趣弟弟：「宛丘先生長如丘，宛丘學舍小如舟。常時低頭誦經史，忽然欠伸屋打頭。」

不久後就是中秋，他打算陪伴蘇轍一起度過。
很多年後，他還常會想起這一年跟蘇轍暢所欲言，望月感懷的閒適與美好。

近別不改容，遠別涕沾胸。
咫尺不相見，實與千里同。
人生無離別，誰知恩愛重。
始我來宛丘，牽衣舞兒童。
便知有此恨，留我過秋風。
秋風亦已過，別恨終無窮。
問我何年歸，我言歲在東。
離合既循環，憂喜疊相攻。
悟此長太息，我生如飛蓬。
多憂髮早白，不見六一翁。

——〈潁州初別子由二首‧其二〉

蘇東坡去看蘇轍，在陳州住了好一段時間，卻是在潁州和蘇轍分別的。因為蘇東坡向蘇轍辭行後，蘇轍去送他，又一不小心就送到了潁州。那就乾脆一起去找歐陽修老師喝酒吧！

於是，便有了蘇家兄弟與六一翁泛舟同遊的人生快事。

歐陽修辭官之後，執藏書一萬卷，金石遺文一千卷，琴一張，棋一局，酒一壺，加老翁一個，自號「六一居士」，這一年，正好在潁州閒居。

歐陽修這一年不過六十有四，但因仕途憂勞，疾病纏身，當時已白髮蒼蒼，形如槁木，翌年便憾然辭世了。而蘇家兄弟前來小住的這段時光，已經是他去世前氣色最好的一段日子。

歐陽修告訴蘇東坡，如果在杭州沒有交到朋友，盡可以在公務之暇去西湖孤山找惠勤和尚，惠勤文雅清逸，通曉佛法，又擅長作詩，是個可以深交的朋友。日後，惠勤果然成了蘇東坡在杭州的知己。

當然，除了談論政事與詩詞，以蘇東坡的個性，他可不會放過任何一個質疑和「鬥嘴」的機會，哪怕是和自己的老師。

一天，歐陽修跟他談起一件趣事——有一個人生病了，大夫問他為何得病。那人說：

「我乘船遇到了大風浪，受了驚嚇。」船上使用多年的舵把，有一處已經被舵工的手汗浸得變了顏色，醫師就在那裡刮下一點粉末，摻上丹砂、茯神之類的東西，讓病人沖水服下，病人就痊癒了。

歐陽修感嘆道：「《本草》裡有止汗的方法，用麻黃根節和舊竹扇碾成粉末沖服，其實跟這件事異曲同工，看起來有些兒戲，但通常還真的能將病治好，所以也不好意思質疑他們呀。」

不過蘇東坡很好意思呀！

他問老師：「把筆墨燒成灰給一些學者喝，難道可以醫治他們的愚昧和懶惰嗎？」

歐陽修搖搖頭。

蘇東坡又說：「以此類推的話，那麼飲下伯夷的洗漱水，就可以免於貪婪；吃下比干吃剩的食物，就可以祛除內心的奸佞；舔一舔樊噲的盾牌，就可以治療膽小；聞一聞西施的耳環，就可以治癒惡疾了？」

歐陽修說不過他，卻也心服口服，遂哈哈大笑起來。

愉悅的時光總是稍縱即逝，在潁州住了二十幾天後，轉瞬便到了分別的時刻。

蘇東坡又是一陣傷心。恩師的身體每況愈下，蘇轍也不能再送他往前，何時才能與之再見？

從青衫到白髮，惟願人生無離別。

一直到十一月末，蘇東坡一家才慢悠悠地抵達杭州。

這個冬天，蘇東坡的第二個孩子已滿周歲，他自己也正不徐不疾地向不惑之年邁進。官場十年，離合循環，憂喜交集，在汴京到杭州的旅程中，他似乎想通了許多事情。自少年時離開故鄉，一路世事沉浮，身如飛蓬，到哪裡都不過是一場隨遇而安。

所以，站在鳳凰山頂的官舍邊，看著錢塘江的風帆浪船，江濤煙雲，西湖的樓臺舟子，碧波如鏡，他寫下了這樣的詩句：

未成小隱聊中隱，可得長閒勝暫閒。

我本無家更安往，故鄉無此好湖山。

——〈六月二十七日望湖樓醉書〉

每個步入仕途的文人，內心裡都有一個「致君堯舜」的志向，也都有一個隱居林泉的夢想。就像孔子說的「邦有道則仕，邦無道則隱」，孟子說的「窮則獨善其身，達則兼濟天下」，仕途失意的時候，山林便是退避之所。

但人生總有那麼多的不得已。比如白居易就想開了，他在〈中隱〉詩中寫道：「大隱住朝市，小隱入丘樊。丘樊太冷落，朝市太囂喧。不如作中隱，隱在留司官。」

如今，蘇東坡也到了人生中的中隱階段。

不過，蘇東坡的工作並不清閒。

通判的職位相當於我們今天的副市長，蘇東坡需要監試鄉舉，為朝廷在人才選拔方面把好第一道關；需要奔走於各縣之間，賑災救民；需要深入鄉里，傾聽百姓的聲音，助其解決生活上的燃眉之急。

比如為杭州人民疏通六井，就是一項偉大的政績。

按照蘇東坡的〈錢塘六井記〉所說，很久很久以前，錢塘江的潮水向東沖向西陵，在此形成低窪潮溼的鹽鹼地，後慢慢發展成為種植桑麻的地方，又經過很長的時間，才成為人口聚居的城市。

但這裡的水質又苦又臭，人們只能依山鑿井，才得以用小部分的泉水續命。一直到唐朝，宰相李長源才開鑿六井，引西湖淡水供百姓飲用。之後，刺史白居易在治理西湖時，也疏通過六井。

熙寧五年（西元一〇七二年）秋天，太守陳述古上任，令蘇東坡著手整治六井。蘇東坡則利用自己靈活的頭腦和廣大的人脈，一下找了二十幾位各行各業的朋友來出謀劃策，很快便獲得了一份完美的疏通方案。

到了第二年春天，六井全部疏浚完畢，正好趕上了乾旱之年。當時，杭州周圍各地的水井都乾涸了，老百姓已經到了水貴如油，相互用瓦罐裝水贈送親友的地步，而杭州的百姓卻可以放心飲用，每天洗澡都不成問題。

當時，所有前來打水的人，都會誦佛來為地方官祝禱。

所謂霹靂手段，菩薩心腸，莫過如此。

有時候，蘇東坡還要接待外邦來的使者。

蘇東坡到任不久，有一批高麗的朝貢使者來到杭州，他們的態度橫暴放肆，對州郡官員也是傲慢無禮，甚至在公文上不寫大宋的年號。

對待百姓，蘇東坡一直是滿懷悲憫，而對待這樣的凶惡之人，他自然要給他們一點顏色瞧瞧，他可不是讓人欺負慣了的軟弱官員。

他先是對其警告，既然是遠夷慕化而來，希望與大宋共謀北遼，就應該凡事恭順，倘若不立刻悔改，他就會馬上出奏，讓對方後果自負。

這一招果然有效打壓了對方的囂張氣焰。

然後，他又拒絕收受朝貢的公文，聲稱：「高麗稱臣本朝，而公文上不稟正朔，我不敢收。」

高麗使者們沒有辦法，只好恭恭敬敬地寫上「熙寧」的年號，而且從此再不敢犯。

然而蘇東坡能夠根治高麗使者的驕縱，卻無法改變大宋日益孱弱的現實。而且萬分諷刺的是，他分明站在變法派的對立面，來到杭州，卻要親手執行革新之法。

他還有一項工作就是負責「問囚決獄」。

囚從何來？天可憐見，青苗法實施後，每天都會有窮苦的百姓因交不起繁重的租金而入獄。

他沒有能力更改律法，又不得不手執判筆坐在堂上，看著手無寸鐵的百姓被鞭打。他覺得羞恥極了，每一聲百姓的哀號落在耳朵裡，都像是烙鐵烙在身上一樣。

這一年的除夕，本該是與家人團圓的日子，蘇東坡卻要加班，忙著提審販賣私鹽的囚犯。這些囚犯也不過是為了在新政的重壓之下，緩一口氣，鋌而走險，討一口飯吃。

他寫信給朝中的舊友，向其陳述新政的流弊與百姓的困境，然後為這些囚犯求情，寫著寫著，便眼淚汪汪。

是夜，他又題了一首詩在官府的牆壁上，發了一通無用的牢騷。

可見，他已經把朋友們「杭州雖好莫題詩」的勸誡拋到了九霄雲外。

所以他也不知道，他現在發過的牢騷，吐過的肺腑之言，幾年後都會變成小人詆毀他的證據和攻擊他的利器。

除日當早歸，官事乃先留。
執筆對之泣，哀此繫中囚。
小人營餱糧，墮網不知羞。
我亦戀薄祿，因循失歸休。
不須論賢愚，均是為食謀。
誰能暫縱遣，閔默愧前修。

——〈除夜直都廳，囚繫皆滿，日暮不得返舍，因題一詩於壁〉

江南是食鹽的重要產地，自王安石改革鹽法之後，鹽民越發貧苦交加，而且刑罰也極為殘酷。如果有人敢觸犯鹽例，輕則入獄服刑，重則家破人亡。

不久後，朝廷要開鑿一條運鹽河，在杭州徵百姓千餘人日夜趕工。

那一段時間正逢雨季，蘇東坡前往工地督役，看著百姓們每天在冷雨中勞作，身上的衣服從未乾過，在齊腰深的泥漿中摸爬打滾，猶如落進泥坑的豬鴨，不禁悲憤不已：

鹽事星火急，誰能恤農耕。
薨薨曉鼓動，萬指羅溝坑。
天雨助官政，泫然淋衣纓。
人如鴨與豬，投泥相濺驚。
下馬荒堤上，四顧但湖泓。
線路不容足，又與牛羊爭。
歸田雖賤辱，豈識泥中行。
寄語故山友，慎毋厭藜羹。

——〈湯村開運鹽河雨中督役〉

在寫給蘇轍的信中，他進一步傾訴煩惱：

「平生所慚今不恥，坐對疲氓更鞭箠。道逢陽虎呼與言，心知其非口諾唯。名高志下真何益，氣節消縮今無幾。」

他將自己比作受困的獸和魚，曾是逍遙自在身，如今卻是百日愁嘆一日娛。

他說，在這個崗位上，我已經變成了自己曾經討厭的那種人。

如此想一想，人生還真是多有失意。

若不是遠方一直有蘇轍這樣的深情手足在，若不是身邊常有良朋美景，還真不知道要如何一慰這錚錚鐵骨，菩薩柔腸。

## 西湖若夢，湖山處處似曾識

有一次去壽聖院，蘇東坡更是覺得周遭景物無比熟悉，便對身邊的人說：「我平生從未到過這裡，而眼前所見，皆如親歷，若真是如此，自此上至懺堂，當有九十二級臺階。」然後派人去數，果然一模一樣。

「江南憶，最憶是杭州。山寺月中尋桂子，郡亭枕上看潮頭。何日更重遊？」杭州，這個曾經讓白居易在暮年念念不忘的地方，現在，又成了與蘇東坡命運息息相關的地方。

這一次，蘇東坡將在這裡生活長達三年的時間，與美麗的湖光山色朝夕相伴。直至多年以後，回首一望，撇去工作的煩憂和仕途的不順，此地的點點滴滴，依舊是記憶中的珍藏，流年裡的夢痕散發著親人相見般的溫情。

蘇東坡有多喜愛杭州呢？

就像賈寶玉見到林黛玉，會說「這個妹妹我曾見過的」，蘇東坡到了杭州，也覺得前緣撲面，處處似曾相識。

他在詩中寫：「前生我已到杭州，到處長如到舊遊。更欲洞霄為隱吏，一庵閒地且相留。」

後來蘇東坡告訴朋友，他的前生就是壽聖院的一名山僧，如今的僧人們，都是他的法屬，他死後願意葬在西湖邊上，魂歸壽聖院，化作伽藍[5]，護一方平安。

而自此之後，蘇東坡便經常一個人去壽聖院。夏天的時候，他喜歡躺在山寺的竹影下乘涼，有時還會脫去上衣，閉目小憩。

據說有一個小沙彌，曾親眼看見蘇東坡背上有七顆黑痣，排列恰如天上的北斗七星，於是情不自禁得屏住了呼吸，從此把一生的敬畏都獻給了眼前這個光著膀子睡午覺的人。

很多年後，小沙彌做了住持，蘇東坡也已仙逝，他才把那個年久日深的「祕密」透

5 伽藍：寺院的護法神，韋馱天。

露給世人，聲稱蘇東坡乃神仙下凡，來杭州是為了考察民情。

或許真的與前世的因緣有關，加之成長環境中的耳濡目染（母親程夫人是位虔誠的佛教徒），蘇東坡兒時就對佛典很感興趣，也喜歡與僧人交往，比如來到杭州的第三天，他就抽空去了孤山，拜訪歐陽修提及過的惠勤和尚。

是日，飛雪欲來，漫天雲霧，遠處的樓臺時隱時現，猶如海市蜃景，水中的魚影歷歷可數，彷佛游蕩在天際。蘇東坡穿過西湖的雲水，沿著盤紆的小道，前去山寺訪僧。漸入林深之處，只覺萬籟俱寂，唯有鳥鳴欲滴，清涼如洗，好像可以引人走向凡塵之外。而山中竹屋內，紙窗微明，暖意彌漫，有二僧正坐於蒲團之上，看似孤絕清冷，實則自在圓融。

在蘇東坡看來，世間的高僧，莫不是人生的哲學家。如眼前的二僧，無論是與之談文學，論佛法，還是聊一聊樸素淡泊的生活之道，都能讓自己受益良多。

只是天寒路遠，黃昏如催，他必須趕在天黑之前起身告辭。出山回望時，僧舍竹屋已在雲霧深處，視線裡只餘古木暮色兩蒼茫，野鶻盤浮在空中，一切有如莊周一夢，恍然間不知身在何方。

天欲雪，雲滿湖，樓臺明滅山有無。
水清石出魚可數，林深無人鳥相呼。
臘日不歸對妻孥，名尋道人實自娛。
道人之居在何許，寶雲山前路盤紆。
孤山孤絕誰肯廬，道人有道山不孤。
紙窗竹屋深自暖，擁褐坐睡依團蒲。
天寒路遠愁僕夫，整駕催歸及未晡。
出山回望雲木合，但見野鶻盤浮圖。
茲遊淡泊歡有餘，到家恍如夢蘧蘧。
作詩火急追亡逋，清景一失後難摹。

——〈臘日遊孤山訪惠勤惠思二僧〉

但在民間，人們總喜歡對蘇東坡和佛印和尚那些真假莫辨的故事津津樂道，大抵是因為，佛印是個精通佛法的高僧，卻也是個活在清規戒律之外的花和尚，「酒肉穿腸過，佛祖心中留」，這樣的差異化，顯然比循規蹈矩的和尚更吸引人。

比如有一則軼事說，蘇東坡某夜備了許多酒菜，約黃庭堅遊西湖，故意不叫好吃的佛印來玩，怎料佛印早就打聽了兩人的行蹤，事先躲在了他們的船艙板下。

船至湖心，蘇黃二人便開始行酒令，要求前兩句即景發揮，後兩句用「哉」字結尾。

蘇東坡抬頭看著天上的明月說道：「浮雲撥開，明月出來，天何言哉，天何言哉？」

黃庭堅則望向一湖碧波，亭亭蓮荷，不緊不慢地說道：「蓮萍撥開，游魚出來，得其所哉！得其所哉！」

這時佛印在艙底早已饞得口水直流，一聽黃庭堅說罷，就趕緊把船艙板推開，爬了出來，說道：「船板撥開，佛印出來，憋煞人哉！憋煞人哉！」

蘇東坡和黃庭堅見此情景，都被逗得大笑起來。

而在文人與佳人的心目中，西湖上的蘇東坡卻是風雅的化身。

張愛玲有一句話，大意是說西湖有一種柔美，可以埋藏五千年以來士大夫的溫香綺夢。

想必起於蘇東坡的那個綺夢，也是最令人陶醉的吧，相隔千年後，依然在西湖的波光裡，風花如訴，柔情萬千。

熙寧六年（西元一〇七三年）的春天，蘇東坡路過九仙山，聽到山中有小兒在唱一支〈陌上花〉的童謠，含思宛轉，幽遠綿長。

他問當地的老人，才知道是吳越王錢鏐在一個牡丹花開的春天寫給王妃的書信：「陌上花開，可緩緩歸矣。」

這一句話，不經意間便觸動了蘇東坡的溫柔情愫，眼前江山如故，身後昔人已非，只有那古老的愛情還在鄙野之間年年傳唱，此中真意，遠比一個王朝的風流更為綿長。

陌上花開蝴蝶飛，江山猶是昔人非。
遺民幾度垂垂老，遊女長歌緩緩歸。

——〈陌上花〉其一

陌上山花無數開，路人爭看翠軿來。
若為留得堂堂去，且更從教緩緩回。

——〈陌上花〉其二

生前富貴草頭露，身後風流陌上花。
已作遲遲君去魯，猶教緩緩妾還家。

——〈陌上花〉其三

蘇東坡不喜歡通判的工作，江南的風物美景卻成了他靈感的天堂。隨著他筆下詩詞在民間的大量傳播，他的文名也即將到達巔峰時刻。他的上司熱情地邀請他參加各種各樣的活動，以他出現在宴會上為榮。文人雅士們都渴望成為他的朋友，與他進行詩詞唱和，相互切磋。所有的錢塘名伎們都想一睹蘇子的風采，然後請他在自己的香扇上題詞。

或許有必要提一下，按照宋朝制度，良家女子入樂籍後是為官伎，她們服從官府的管制，按月領取薪水，但只負責在宴會上跳舞、彈唱，或是陪酒，並非是青樓裡的「性工作者」。如果官員與官伎有私情，就會被降職。曾經有個地方官員冒險與官伎談戀愛，被王安石在皇帝那裡告了一狀，很快就丟了烏紗。

這些伎人的身世又多半淒涼苦楚，蘇東坡雖風流倜儻，但他善良正直的本質並不同於有些官員，比如在對待伎人的態度上，從來都是充滿了尊重和憐惜，哪怕是墮入風塵的女子，他也會嘆上一句——自古佳人多命薄，閉門春盡楊花落。而在當時蓄養家伎成風的社會裡，蘇東坡家裡也僅僅只有幾個侍女。他稱她們是「擦粉的虞候[6]」，也就是把她們當成副官看待。他對待妻子的心意，似乎不像是一個古代人。

比如蘇東坡的朋友張先，寓居杭州時，已經八十幾歲了，卻還對買妾之事有著濃厚的興趣。蘇東坡調笑他是「詩人老去鶯鶯在，公子歸來燕燕忙」。

乳燕飛華屋。悄無人，桐陰轉午，晚涼新浴。手弄生綃白團扇，扇手一時似玉。漸困倚、孤眠清熟。簾外誰來推繡戶，枉教人、夢斷瑤臺曲。又卻是，風敲竹。

石榴半吐紅巾蹙。待浮花，浪蕊都盡，伴君幽獨。穠豔一枝細看取，芳意千重似束，又恐被，秋風驚綠。若待得君來向此，花前對酒不忍觸。共粉淚、兩簌簌。

——〈賀新郎〉

相傳這一闋詞就是蘇東坡寫給官伎秀蘭的。

6 虞候：對下級吏員、侍從的稱呼。候，音同「後」。

一日西湖宴會上，群伎皆歌舞笙簫，給錢塘的官員們助興。唯獨秀蘭未到，官府派人去催，方才姍姍而來。

蘇東坡問其原因，秀蘭小聲解釋道，是因為早起沐浴後，覺得困乏，便靠在榻上小憩了一會兒，不想竟一下睡意氾濫，誤了時間，直到聽到敲門聲，才急忙換裝赴會。是時正是乳燕斜飛，榴花盛開的時候，秀蘭便折下一枝半開的榴花，獻給蘇子，請求恕罪。

蘇東坡被秀蘭的誠實與機敏打動了，當即原諒了秀蘭的遲到，而一名曾被秀蘭拒絕的官員卻還在不依不饒，趁機刁難羞辱，秀蘭不禁粉淚簌簌。

蘇東坡見狀，馬上令人備好筆墨，以一首新作為秀蘭解圍。

秀蘭接過蘇東坡的詞稿，果然得以抽身，遂落座，調弦，輕啟朱唇，望著學士，一字一柔情……

從此，秀蘭再不唱別人的詞，她的每一把團扇上，也都會繡一個「蘇」字。

如果說秀蘭對蘇東坡的感情是感激加上暗戀，那麼另外一名女子，對蘇東坡的熱愛就是一場浪漫而曲徑幽深的表白。

一個夏日的傍晚，蘇東坡正與張先坐在西湖邊的亭臺中欣賞美景，是時，雨過天晴，清風伴著荷香徐徐拂來，白鷺追逐著落霞，在空中劃過美麗的弧線，目光所及之處，都是恰到好處的韻味。

忽聞一陣淒美的箏音，從湖心的畫舫傳出來，側耳傾聽，只覺山水含情，欲說還休，如夢如幻。

東坡一時聽得痴迷，待一曲終了，正欲起身問舫中所彈曲子的名字，畫舫卻已經漸行漸遠，最終消失在湖面上，只餘青山隱隱，水波粼粼。

鳳凰山下雨初晴，水風清，晚霞明。一朵芙蕖，開過尚盈盈。何處飛來雙白鷺，如有意，慕娉婷。

忽聞江上弄哀箏，苦含情，遣誰聽。煙斂雲收，依約是湘靈。欲待曲終尋問取，人不見，數峰青。

——〈江城子・湖上與張先同賦〉

就在蘇東坡寫下這一闋詞後，他才輾轉得知，那一日畫舫裡的彈箏人，原來是杭州本地一名愛慕他多年的女子，只是待到有緣相見的時候，卻已為人婦，恨不相逢未嫁時。所以，她只能將所有的情意都化在一曲箏音裡，然後日日在西湖邊痴守，只為將那多年的思慕彈給他聽，所幸終於得償所願。

蘇東坡也終於知道了那首曲子的名字——〈長相思〉。

一曲銷魂的箏音，一次點到為止的出場方式，讓她完成了感情上的朝聖，一生便再無悵憾。

以我長相思，換你相思長，只是不知道，蘇東坡心裡有沒有一星半點兒的遺憾？

蘇東坡千年之前的點滴心事，已經成了西湖碧波之下的祕密，但另一個關於蘇東坡渡琴操出家的故事，卻依舊在民間流傳，如驟然凋零的落花，令人嘆息。

琴操本是大家閨秀，琴棋書畫，無一不通，後因家道中落，父母皆亡，才淪為歌伎，十六歲那年，她又因改韻秦觀的〈滿庭芳〉而名滿錢塘。

蘇東坡與琴操結識後，因為愛惜琴操的才情，曾數次勸她脫離樂籍，但她一直不願意。

又一日，兩人到西湖泛舟，東坡飲酒，琴操彈琴，湖上風恬浪靜，兩岸青山皆為陪襯。

舟至湖心時，東坡提議：「我為長老，妳試參禪，可好？」

琴操笑諾。

東坡問：「何謂湖中景？」

琴操答：「落霞與孤鶩齊飛，秋水共長天一色。」

東坡問：「何謂景中人？」

琴操對：「裙拖六幅湘江水，鬢挽巫山一段雲。」

東坡問：「何謂人中意？」

琴操回：「隨他楊學士，鱉殺鮑參軍。」

東坡不說話，他面前的女子實在是太聰慧了。

琴操有些遲疑，便問：「如此究竟如何？」

東坡道：「門前冷落車馬稀，老大嫁作商人婦。」

一語驚醒夢中人，也終是掐斷了她心底的最後一絲念想：「謝學士，醒黃粱，世事升沉夢一場……奴也不願苦從良，奴也不願樂從良，從今念佛往西方。」

從此之後，琴操果然削髮為尼，再不鼓琴，沉心於玲瓏山修行，聲稱再不問西湖邊上的紅塵舊事。

蘇東坡去拜訪她，也不過是淡茶一杯，相對無言。只嘆，世間再玲瓏剔透的女子，謊話說多了，也是連自己都相信。她說她會忘了他，怎知多年後，聽到他被貶儋州，生死未卜的消息，竟還是會心神俱碎，幾日後香消玉殞。

蘇東坡聽說她過世的消息後，霎時痛悔肝腸——渡琴操出家，並非佳話，而是紅塵中最大的笑話。

人生自是有情痴，此恨不關風與月。

薄命的佳人，百年難得一聞的琴音，都可惜了。

或許，也只能嘆一句，緣也，劫也，時也，命也。

因為如果琴操遇到蘇東坡的時候，還只有十一二歲的年紀，以她的才學和東坡的憐惜之心，倒是有極大的可能進入蘇家，為自己爭取一段陪伴的情分。

就像王朝雲一樣。

水光瀲灩晴方好，山色空濛雨亦奇。
欲把西湖比西子，淡妝濃抹總相宜。

——〈飲湖上初晴後雨〉

這首詩是蘇東坡的代表作，人稱「前無古人，後無來者」，寫於熙寧七年（西元一〇七四年）的春天，西湖上最美好的季節。

不過也有人說，這是蘇東坡寫給王朝雲的第一封情書。

那時，王朝雲十二歲，但已經是錢塘小有名氣的歌伎，通音律，性聰穎，貌若明月，蘇東坡在宴會上一遇到她，便心生歡喜。

王閏之看出了丈夫的心思，便主動託人除去王朝雲的樂籍，又將她帶回家，安置在自己房中。

王閏之知道自己的丈夫生活簡樸，重情重義，從不與官伎廝混，也不喜歡納小妾，但她希望丈夫身邊可以多一個解語之人，或者說，她希望她做不到的某些事，可以由長大的王朝雲來完成，比如與丈夫在文學方面靈犀互通。

事實證明，長大後的王朝雲的確沒有辜負王閏之的美意。

王朝雲十八歲時由侍女轉為侍妾，在蘇東坡最困苦的時候，都一直陪伴在他身邊，敬他，愛他，懂他，也終是成為他靈魂深處私藏的珍寶，以及一生中情愛的歸途。

# 密州治貧救饑，百姓傾城隨太守出獵

當然，更多更深更細密更百轉千迴的心事，蘇東坡還是願意和蘇轍傾訴，或者，就告訴月亮。蘇轍是他永遠的樹洞，而月亮，人生代代無窮已，江月年年只相似，也早已看盡了人間如潮如汐的悲喜。

熙寧七年（西元一〇七四年）九月，蘇東坡在杭州已三年任滿，便主動向朝廷申請外調，並明確表示自己最渴望去的地方就是濟南附近。

原因有二。

第一，蘇轍已經調到濟南工作了，三年未見，蘇東坡希望可以近水樓臺，在公務之餘，常去看望弟弟，以慰思親之苦。

第二，朝堂風雲再起，為了避免禍端，他並不想再回到那個巨大的政治漩渦中。王安石罷相了。

是年春，因為許多地方發生饑荒，京城湧入成千上萬的流民，那些流民吃著樹皮草根，衣不蔽體，骨瘦如柴，傷病交加，奄奄一息者無數。於是便有人畫了一卷〈流民圖〉，想盡辦法送到了皇帝手中。皇帝失眠了，這卷圖，就像一個火辣辣的耳光，打在了他的臉上。而這件事也震驚了後宮，光獻太后對著皇帝哭訴：「安石亂天下，不可再用……」皇帝痛哭了一場，只能在重壓之下讓開封府開倉救民，同時廢除了好幾項新法。他第一次沒有徵詢王安石的意見。

王安石知道，他與皇帝曾夢想共濟的那條小船，已經在現實的風浪中，悄悄地翻了。王安石主動請辭後，呂惠卿當政了。

如果說王安石是一個執拗的君子，那麼呂惠卿就是一個奸詐的小人，為了滿足自己對權力的欲望，昔日他可以對王安石言聽計從，後來在王安石黯然離京後，他又可以挑撥離間，狠狠踩王安石一腳。而王安石，正是當初提攜他的人。

所以說，明槍易躲，暗箭難防，蘇東坡得知朝廷變動後，不禁仰天長嘆。正好這時蘇轍也寫信勸他，務必遠離京城，保命要緊。

而對於呂惠卿之流，蘇東坡請求外調，正中他的下懷，他恨不得蘇東坡永遠不要出現在皇帝面前。

很快，朝廷的調令就下來了，蘇東坡得償所願，他的新工作是到密州當太守，離蘇轍所在的濟南大約五百里。

不過在杭州待久了的他並不知道，因為冬季河水冰凍，航運停止，他那個繞道濟南去見蘇轍的計畫，只好擱淺，而密州那片貧瘠的土地，也將送他一份特別的「見面禮」。

是年十一月初，蘇東坡的車駕在寒風之中越過了密州的界碑。

當時已經過了農忙季節，但他一路看到的，都是百姓們在田地間忙碌的身影，他們用雜草包裹死去的蝗蟲，將其埋入深土之下，或是將含有蟲卵的草皮燒成灰燼。這些工作，都必須趕在明年春天氣溫回暖之前完成，如若不然，卵化成蟲後，這片土地勢必會面臨一場更大的災難。

兩百里地，三萬斛蝗蟲。蘇東坡被這個數字震驚了。

於是，他上任第一件事就是調查災情，而底下的官吏卻告訴他：「蝗蟲非禍，可為民除草。」

「騙誰呢！」蘇東坡氣憤地說。

之前在杭州，他就見識過蝗災的危害——聲如巨浪，遮天蔽日，所到之處，寸草不留……且杭州的蝗災還只是密州一帶的餘波，可想而知，密州災情是多麼地可怕和緊急。

他趕緊上書朝廷，請求減免密州百姓的賦稅，然後親自奔赴田間地裡，帶動全城百姓一起滅蝗，採用火燒的方式滅絕蟲卵，並設下獎金，賞給滅蝗有功的人。

他又去請教當地的老農，得知土地越乾旱，就越利於蝗蟲生長，所以，他再一次踏上了求雨的征程。

他以一方父母官的身分去跟當地的山神講道理，就像當初在鳳翔求雨一樣，齋戒沐浴，同時寫下祭文。只不過這一次他的語氣要嚴厲得多，「殄民廢職，其咎唯均」，如果百姓都生活在水深火熱之中，那麼掌管天氣的神靈也至少要負一半的責任吧？

或許是因為蘇東坡的祭文讓山神感到了愧疚，求雨竟非常順利，不久便連降甘霖。

然而在那個年代，各方面的條件都有限，且密州災荒年深日久，一到青黃不接的季節，還是會出現百姓「剝齧草木啖泥土」的悲苦景象，城中更是盜賊四起，許多剛出生的嬰兒被遺棄在路邊，哇哇的啼哭聲讓人不忍卒聽。

蘇東坡看在眼裡，一如芒刺在背，羞愧難當。

他在詩中寫道：「秋禾不滿眼，宿麥種亦稀。永愧此邦人，芒刺在膚肌。平生五千卷，一字不救饑。」「磨刀入谷追窮寇，灑涙循城拾棄孩。」

面對盜賊，他絕不姑息。對於路邊被遺棄的嬰兒，他當竭盡全力收養。他家裡最多的時候就曾收留過三四十名小嬰兒。他用米湯為嬰兒們續命，每天忙得昏天地暗。

不久後，蘇東坡決定從根本上解決問題。

他先是下令開設了一家育幼院，號召沒有兒女的人家收養棄兒，然後又從官倉中撥出一批糧米，補貼給養不起孩子的準父母，勸其不要拋棄自己的骨肉。有資料記錄，短短兩年時間內，被蘇東坡救活的孩子就已經高達數百人。

很多年後，蘇東坡路過密州，那些長大的棄兒都紛紛下跪叩謝蘇公昔日的救命之恩。

在蘇東坡上任前，當地的百姓還沒有見過這樣的好官，恪盡職守，為國為民，儘管依然生活在貧苦之中，但新太守的到來，顯然給密州這片土地帶來了生的希望。

熙寧八年（西元一〇七五年）十月，蘇東坡又一次求雨成功後，非常講信用地兌現了他對山神的承諾，將破舊的山神廟修葺一新。

廟成之日，他照例焚香齋戒三日，前往山中拜祭。回程時，他喝了一點小酒，藉著酒力，正好會獵。

怎料得知太守出獵的消息，密州百姓竟傾城出動，一起來到了郊外為蘇東坡加油，一時間，戰鼓震天，遍野都是助威聲。

蘇東坡騎在馬背上，只覺滿身熱血都在奔湧，試問哪一個男兒，不曾有過金戈鐵馬，保家衛國的青雲之志呢？

然而就在幾個月前的宋遼之戰中，宋朝又痛失七百里疆土，他一念及便心痛難當。

老夫聊發少年狂，左牽黃，右擎蒼。錦帽貂裘，千騎卷平岡。為報傾城隨太守，親射虎，看孫郎。酒酣胸膽尚開張，鬢微霜，又何妨？持節雲中，何日遣馮唐？會挽雕弓如滿月，西北望，射天狼。

——〈江城子・密州出獵〉

這首詞是蘇東坡的驚世之作，也是他的得意之作。

時人皆驚嘆，啊，原來詞作也可以寫得這般豪情天縱！

換言之，蘇東坡改寫了一種文學體裁的命運，用自己的風格為「詞」賦予了新的精神內核。

要知道，在此之前，填詞必偎紅倚翠，淺斟低唱，世人還從未見過這般有凜凜豪氣的作品。

在寫給朋友的信中，蘇東坡也談到了這一首新作：「近卻頗作小詞，雖無柳七郎風味，亦自是一家，呵呵。數日前獵於郊外，所獲頗多，作得一闋，令東州壯士抵掌頓足而歌之，吹笛擊竹以為節，頗壯觀也……」

當然，更多更深更細密更百轉千迴的心事，蘇東坡還是願意和蘇轍傾訴，或者，就告訴月亮。

弟弟蘇轍是他永遠的樹洞，而月亮，人生代代無窮已，江月年年只相似，也早已看盡了人間如潮如汐的悲喜。

「此生何所似，暗盡灰中炭」，沮喪的時候，他總覺得自己老而無用，更怕光芒漸逝，垂老之時，一事無成……

夜深人靜的時候，他夢見過王弗，對著月光寫下：「小軒窗，正梳妝，相顧無言，惟有淚千行。」

他告訴蘇轍，密州百姓貧苦，他自己也一樣生活在貧苦之中。

唉，誰讓人是有記憶的動物呢？之前他曾戲稱杭州為「酒肉地獄」，是「帳底吹笙香吐麝」，如今到了密州這個「寂寞山城」，已成了「火冷燈稀霜露下」。

他本是清官，薪水又人多用來救濟災民，平時日子就過得緊巴巴的，到了饑荒的時候，便只能和百姓一起受苦，更遑論什麼溫飽，什麼美食了……

他說，子由啊，你看我也當了這麼多年的官，只是這日子怎麼就越過越窮了呢？為了熨平心裡的糾結，他又瘋狂地閱讀莊子，想跟莊子學一點超然的心態。

莊子說：「獨與天地精神往來而不敖倪於萬物，不譴是非，以與世俗處。」一個人只要打破了心靈的壁壘，那麼肉身在世間所遇到的任何困境都不能再限囿你的精神，你將與天地同在，自己成為自己的神明。

比如莊子窮苦了一生，臨死時卻認為自己是最富有的人——天地為棺木，日月星辰為奇珍，萬物為送別之禮物。

他被瀟灑的莊子打動了，也覺得自己通透了許多。

而這時正好有一座樓臺修葺完畢，他告訴蘇轍的時候，蘇轍便寄了題名來，曰「超然臺」。是靈犀，也是祝福，願此臺的主人，無所往而不樂，超然物外。

他也果然在〈超然臺記〉中寫：「凡物皆有可觀。苟有可觀，皆有可樂，非必怪奇偉麗者也。餔糟啜醨，皆可以醉；果蔬草木，皆可以飽。推此類也，吾安往而不樂……」

除了有時候被故人勾起的那一點思鄉的心事。

春未老，風細柳斜斜。
試上超然臺上望，半壕春水一城花。煙雨暗千家。
寒食後，酒醒卻咨嗟。
休對故人思故國，且將新火試新茶。詩酒趁年華。

——〈望江南・超然臺作〉

熙寧九年（西元一〇七六年）中秋，也正是在這座超然臺上，他對著月亮，歡飲達旦，大醉之後，想起蘇轍，又寫出了一首與星月同輝的傑作——〈水調歌頭・中秋〉：

明月幾時有？把酒問青天。不知天上宮闕，今夕是何年？我欲乘風歸去，又恐瓊樓玉宇，高處不勝寒。起舞弄清影，何似在人間？
轉朱閣，低綺戶，照無眠。不應有恨，何事長向別時圓？人有悲歡離合，月有陰晴圓缺，此事古難全。但願人長久，千里共嬋娟。

## 名聲太高，黃樓盛宴得意至極

他舉起酒杯，邀月而飲，耳邊是曼妙的笛聲，在山谷間縈繞，小舟漸行漸近，三百年前的月光又斟滿了美人的梨渦，樓下的水波則泛出天河一般的光澤，只覺人生樂事，盡在此時，「自李太白死，人間無此樂事，已三百年矣……」

這一日，徐州城內，黃樓落成。

晨光熹微時，他身披羽衣，登上了新築的樓臺，憑欄遠望，四野皆是茫茫白霧，只有護城河的槳聲以及百步洪的浪濤，隱約入耳。

他給自己倒了一杯酒，望著漫天的雲霧，耐心地等待著。

漸漸地，陽光從東方溢出，沖淡了霧氣，只見山川開闔，蒼莽千里，阡陌縱橫，麥浪起伏，桑麻蔚然，雞鴨閒步，點點牛羊散落在遙遠的水湄，民居安然地依偎在山腳，天地之間一派清平明澈。

古今多少興亡事，都付杯酒笑談中。他想起曾幾何時，項羽也在此地看過這般景色，在這一方城池內，養戰馬成群，集猛士成林，振臂長嘯間，風動雲興……不禁心潮澎湃。

如今，他也成了這座城池的主人，將在新樓之上，設几布筵，呼朋喚友，一聲令下，全城皆應。百姓們被他的能力與魄力所折服，也為他的才華與善心而感動。

他仰起臉，又飲下一杯酒，覺得整個身體都熱了起來，如果可以，他多想在這裡好好地再做一番功業，不為名，不為利，只為城樓下那震耳欲聾的歡呼聲。

這時，樓臺上的賓客也陸續到來，包括徐州城所有的官員，以及許多從遠方趕來的俠客、名士，有人還攜帶了滿車的烈酒、滿腹的豪情、滿紙的詩詞以及媚眼如絲的美妾。

一直到夕陽西盡，明月東出，這場盛宴才在歌舞管弦中落幕。

這一日，正是元豐元年（西元一〇七八年）的重陽，這個登樓設宴的人，也已經步入了人生中的秋天，金燦燦，又沉甸甸。

蘇東坡是熙寧十年（西元一〇七七年）四月抵任徐州的。

徐州，又稱彭城，華夏九州之一，自古乃兵家必爭之地，盛產帝王、花崗石、美味的魚蟹，還有壯士的刀劍。

這一年，蘇東坡年過不惑，已經是三個男孩子的父親，他最大的兒子正娶親不久。他很喜歡這裡，楚風漢韻，山水靈秀，人情豐饒。他經常在公務之暇光顧城南的酒肆，那裡的鯉魚燒得最是讓人念念不忘。

有一次，蘇東坡出門在外，聽到一個吃飯的老人說，徐州地下可能蘊藏大量的石炭（煤），他便立即派人到處勘測，果然在西南白土鎮之北的某座山中覓到了礦藏。他興奮地寫道：

濕薪半束抱衾裯，日暮敲門無處換。
豈料山中有遺寶，磊落如磐萬車炭。
流膏迸液無人知，陣陣腥風自吹散。
根苗一發浩無際，萬人鼓舞千人看。
投泥潑水愈光明，爍玉流金見精悍。
南山栗林漸可息，北山頑礦何勞鍛。
為君鑄作百鍊刀，要斬長鯨為萬段。

——〈石炭〉

從此之後，煤就代替了南山栗木製成的木炭，來到了徐州的鍛造業中。有了煤的加持，能工巧匠們更能把刀劍鑄造得削鐵如泥，無往不利。

按照蘇東坡的說法，「為君鑄作百鍊刀，要斬長鯨為萬段」，這樣的刀，拿去斬長鯨都是小意思！

只是天有不測風雲，蘇東坡上任不到三個月，徐州就遇到了一場大洪災。

當時因為暴雨連連，黃河決口，大水自北向東氾濫，一路奔湧，淹沒州縣無數，眼看不久之後就要累及徐州。

蘇東坡見勢趕緊號令城中民工加固城牆，數千人日夜輪班，以備水患。

八月，洪水果然伴隨著雷雨來到了徐州，被南面高山截擋之後，全都匯集在城外，水位節節上漲，眼看就要突破歷年的數字，城池之內已是危在旦夕。

見此情景，城裡的富人們紛紛收拾細軟，打算出城避難。

蘇東坡得到消息後，馬上跑到城門邊跟他們講道理：「你們若出城，民心必定大亂，還請看在萬千生命的面子上，幫我一個忙。只要有我在，徐州城就不會潰敗。」

而那些富人們看到太守身著布衫，挽起褲腿，滿身泥漿為民操勞的樣子（蘇東坡為了監工，近一個月來，每天都睡在城牆的棚子裡），心裡也覺得萬分羞愧，便再不提出城之事。

蘇東坡暫時鬆了一口氣。但他又必須馬不停蹄地趕到禁軍的營地，向禁軍統領求助。他表明自己的來意，希望統領派遣軍隊和徐州民眾一起搶修防水河堤：「你們是陛下的軍隊，陛下愛民如子，你們應該為他出一份力。」

統領慷慨地答應了：「太守為國為民，這也正是我們的效命之秋。」

就這樣，在眾人的齊心協力下，北面全長三千餘公尺的堤壩趕在了洪水入城之前完工，大家可以暫獲喘息，全力準備把大水引入黃河故道，向東入海。

到了十月初五，城外水位終於出現了降低的勢頭。待水完全退去之後，百姓們看到，這場大水的最高水位，已經沒到了城牆頂上的倒數第三塊磚。

百姓也都看到了，他們的太守在大水圍城，千鈞一髮的時候，依然沒有放棄滯留在城外山頂的人，令習水者，在風雨汪洋中用小船為那些老弱病殘送去救濟的乾糧。

大水退去，劫後餘生，全城百姓皆喜極而歌。

但蘇東坡又開始擔憂來年的洪水。要知道，黃河氾濫可是經常發生的災難。他站在城牆上，看著農夫們在陽光下悠閒耕種的景象，不禁感慨萬千。他想把這一幕永遠留住，希望田野裡金燦燦的稻穀，都能顆粒歸倉。

於是他又一次上書朝廷，為民請命，附上一份詳細的工程計畫，懇求朝廷撥款徐州，修建新的大堤，以永久防洪，功在千秋。他同時寫信給朝中舊友，請求他們幫忙，以救徐州百姓年年「為魚為鱉之難」……

經過漫長的等待，這筆二萬多貫的款項終是在次年二月落實到帳，同時從京城到達徐州的，還有三千多名夫役和一千多斛糧食，以及皇帝對蘇東坡的嘉獎。

半年之後，徐州外城四道堅固的防洪木堤皆已落成，同時竣工的還有東門一座十丈高的樓臺。

蘇東坡給這座樓臺取名為「黃樓」。

因為按照徐州風俗，城內的船夫平時都會戴一頂黃色的帽子，而在道家五行相生相剋的說法裡，黃屬土，土剋水，可保他們風雨無憂。

蘇東坡也祈望黃樓鎮水，可保徐州百世泰安。

蘇東坡個性豪放，重情重義，又是好客之人，剛來徐州上任時，經常有親朋好友來看他。

蘇轍曾請了一個四個月的長假來徐州，兄弟倆每日對床而眠，彷彿又回到了年少無憂的時光。中秋節後，蘇轍離開了，蘇東坡又是一陣傷感，頓時覺得整個人生都不好了，便在詩中寫道：

暮雲收盡溢清寒，銀漢無聲轉玉盤。
此生此夜不長好，明月明年何處看。

——〈陽關曲．中秋月〉

黃樓落成時，蘇轍因公事走不開，特寄來一篇〈黃樓賦〉當作賀禮，蘇東坡喜歡極了，幾天後就把那篇文章刻在了石碑上。

從濟南到來的李常（蘇東坡在汴京時認識的好友）也來過徐州與蘇東坡秉燭夜談。當時正逢春天，蘇東坡是個清雅的人，他送給朋友的，不僅有新挖的春筍，還有許多香噴噴的芍藥。

重陽日，王鞏帶著一車美酒前來赴宴了。

王鞏是名相之後，也是大官員張方平的女婿，這位貴公子平生愛好詩詞與美人，且只喝自家的佳釀。

這一次，蘇東坡見他沒有帶侍妾前來，就寫詩開他的玩笑，「但恨不攜桃葉女，尚能來趁菊花時。」

於是，王鞏再來的時候，一下便帶了三名佳人，分別叫做卿卿、英英、盼盼。一日，天氣大好，蘇東坡卻公務繁忙，便只能派人陪王鞏攜美出遊，他們乘坐一葉小舟，從聖女山到百步洪，一直到月上中天才棹舟而回。

這時蘇東坡也忙完了公事，已經身披羽衣，在黃樓上置酒與之對望，靜待故人歸來。半晌，他舉起酒杯，邀月而飲，耳邊是曼妙的笛聲，在山谷間縈繞，小舟漸行漸近，三百年前的月光又斟滿了美人的梨渦，樓下的水波則泛出天河一般的光澤，只覺人生樂事，盡在此時，「自李太白死，人間無此樂事，已三百年矣……」

這個時候，蘇東坡已經完全取代了歐陽修在文壇的位置，很多文人士子都願意尊他為師，比如晁補之、張耒，還有李常介紹給他的黃庭堅和秦觀。

後來，這四個人被世人稱為蘇門四學士，也得到了蘇東坡的認可，他還認為自己集合了這四人的長處和短處。

蘇東坡最先認識張耒，其次是晁補之，他們在杭州時經常見面。黃庭堅是李常的外甥，他與蘇東坡之間的關係更像是惺惺相惜的朋友，但他一直將自己放在學生的位置，仰慕著他的老師。

而秦觀，自徐州第一次見到蘇東坡，就被老師的氣度折服，他認為老師是天上的麒麟轉世──「我獨不願萬戶侯，唯願一識蘇徐州。」「不將俗物礙天真，北斗以南能幾人？」

黃樓一別後，秦觀又給蘇東坡介紹了詩僧參寥，這個取自《莊子》，意為虛空高遠的名字，日後將在蘇東坡的內心，代表著一份高山流水的感情。

所以，元豐元年重陽這一天，不僅是黃樓的落成之日，也是見證蘇東坡仕途的黃金時代的日子。

在往後的年歲裡，他曾不止一次地懷念過那全城歡呼，滿樓賓客的時刻，飲最烈的酒，愛最好的人，被皇帝認可，被天下仰慕，沒有政敵的排擠，生活中滿是良辰美景賜予的蜜意。

是呀，若不是前半生這些涓涓蜜意，一點一點地匯聚成溪，又如何能夠托起後半生顛沛流離的命運呢。

天涯流落思無窮，既相逢，卻匆匆。攜手佳人，和淚折殘紅。
為問東風餘幾許，春縱在，與誰同。
隋堤三月水溶溶，背歸鴻，去吳中。回首彭城，清泗與淮通。
欲寄相思千點淚，流不到，楚江東。

——〈江城子・恨別〉

如此，再看這一闋他在一年後寫給徐州的告別詞，便也不難理解，當時他收到改知湖州的調令，為何會那麼地傷懷，恍如預感……

# 第三章：灑脫澄明的御風閒人

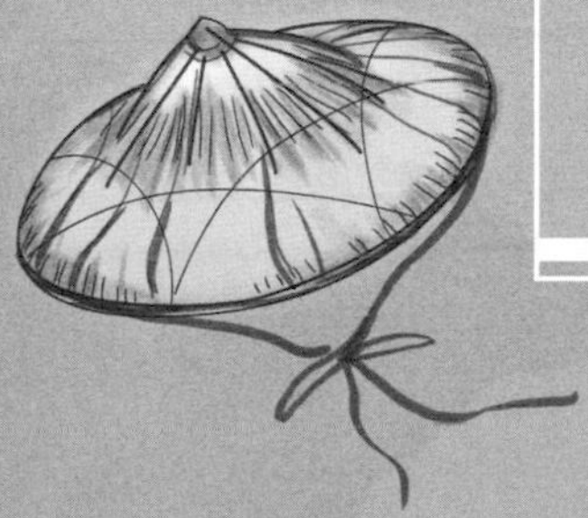

# 烏臺詩案：人生的至暗時刻

浮生若夢，為歡幾何？放眼四十餘年的歲月，他可以馬革裹屍，可以為民捨命，卻從未想過，有一天會成為黨爭的犧牲品，在囹圄之中，被宵小之輩構陷凌辱，帶著不忠不義的罪名，如螻蟻一般死去。

元豐二年（西元一〇七九年）七月二十八日，當蘇轍派過來的信史正一騎絕塵地向湖州奔來時，蘇東坡還在辦公室裡批改公文。

通判祖無擇看到信史是小跑著進門的，驕陽之下，那個年輕人的衣服幾乎被汗水浸透。

然後，蘇東坡接過信箋，手中的茶碗「啪」的一聲就掉到了地上。

這一次，蘇東坡知道自己惹出了大禍。

或者說，朝中的變法派，終究是找到了時機，開始對他採取行動了。

儘管朝堂上也曾上演過類似的戲碼，但這一次，已經不單純是出自一個人的嫉妒，而是關乎一群人的權力之爭。他們處心積慮策劃的陰謀，不僅想要他的性命，更想要保守派潰不成軍。

熙寧六年（西元一〇七三年），那個在晚年寫出《夢溪筆談》，被人譽為中國科學史座標人物的沈括，還只是王安石身邊的一個小助手，人生中的最高夢想就是得到皇帝的青睞。

不久後，沈括受命巡察江南水利，到了杭州，第一件事就是去找蘇東坡敘舊。蘇東坡熱情地款待了他，又與他一起談論新寫的詩集。為了表示對蘇東坡新作的喜愛，沈括當即將詩集抄錄了一份。

他一回到京城，馬上就將那些蘇東坡為百姓發聲的詩句圈了出來，還在旁邊做了詳細的「注解」，呈給皇帝，狠狠地告了蘇東坡一狀，稱其「愚弄朝廷」。

但他沒有料到，皇帝竟對他苦心搜羅的「罪證」，也就是蘇東坡的那本新詩集愛不釋手。他的陰謀破滅了。

到了元豐元年，朝堂政局幾經變幻，變法派的核心人物已經換成了宰相王珪和御史中丞李定。王珪昔日還私藏過蘇東坡考試的策論，但現在，為了權力，他也捨得對其趕盡殺絕。而李定，就是那個不服母喪，被司馬光稱作禽獸的人。同時，最初兩黨的政見之爭，也慢慢變成了有些人不擇手段打擊異黨，通往權力高峰的必經之路。

在變法派眼裡，蘇東坡雖然不在京城，但他的文名正如日中天，皇帝喜愛他，百姓擁戴他，讀書人都崇拜他，他隨時都可能被任職高位，司馬光也隨時可能回朝當政，那麼一旦保守派得勢，他們就無異於自斷前程。

元豐二年五月底，蘇東坡奉命調任湖州，按例要向朝廷上呈一份謝恩奏章。就是這份表達感激之情的奏章，讓變法派從沈括那裡得到了「靈感」。因為無論是工作，還是私生活，蘇東坡都無隙可乘，而文字，卻可以成為他的軟肋。

一個月後，皇帝收到了第一份檢舉蘇東坡的罪狀。

有一名御史摘取了蘇東坡謝恩奏章上的話，稱其愚弄君上，妄自尊大，比如「知其愚不適時，難以追陪新進；察其老不生事，或能收養小民」，難道朝堂之上，都是些惹是生非之輩？這不是諷刺朝廷嗎？

皇帝不以為然，認為蘇東坡沒有那個意思。

皇帝的態度是李定意料中的事，但他顯然比沈括更毒辣，也更有手段。幾天後，第二份、第三份檢舉狀又送到了皇帝的手中。

那些蘇東坡在杭州曾為農民寫下的詩句，如今再一次成了所謂的罪證，比如「豈是聞韶解忘味，爾來三月食無鹽」，這是要挑起民怨，讓百姓痛恨新法啊，真是大不敬之言……而另一篇寫於是年三月的〈靈壁張氏園亭記〉中「古之君子，不必仕，不必不仕。必仕則忘其身，必不仕則忘其君」，亂取士之法，五尊君之義，虧大忠之節……

皇帝將信將疑了。

最後，李定使出了一道撒手鐧。他在第四份檢舉狀中進一步向皇帝指出，蘇東坡犯有至少四項殺頭大罪，不悔其過，狂悖自大，傷教亂俗，蠱惑民心……而在民間，人人都會背蘇東坡的詩詞，想一想真是細思極恐呢。

皇帝的臉色漸漸變了，隨即下了一道聖旨，讓御史臺去查明這一件事。

駙馬王詵（他的妻子是舒國長公主）是蘇東坡曾在京城認識的好朋友，他得知消息後，連夜派人去通知當時在南京當官的蘇轍，怎料御史們也是連夜出京，他們精心鑄造的「莫須有」之箭，終於可以精準地射向湖州了。

若不是御史的兒子突然生病，在路上耽擱了半天，那麼蘇東坡很可能連交接工作的時間都沒有。

御史來的時候，祖無擇剛剛成了代理太守，蘇東坡也換上了官袍站在院子中央。他的情緒已經平靜了下來。說自己只有一個請求，就是想回家與妻兒告別。

御史答應了。

蘇東坡回到家中，王閏之看到丈夫身後的官差，立刻明白了一切。她當即哭了起來。

蘇東坡就編了一個故事。

說是在唐朝的時候，有人很會寫詩，不願做官，無奈被人推薦給皇帝，只好稱自己不會作詩。

皇帝問，那有人送過詩給你嗎？

那人回，只有妻子在他臨行前送了一首給他：「更休落魄耽杯酒，且莫猖狂愛詠詩。今日捉將官裡去，這回斷送老頭皮。」

皇帝大笑，就放他回家了。

故事說完後，蘇東坡便笑著問王閏之：「那麼妳是不是也要送一首詩給我？」

王閏之果然破涕為笑，她愛他正直天真，也氣他正直天真，心裡又是一陣悽愴。

這件事後來被蘇東坡記在了日記本裡。但不曉得他是不是只記歡喜不記憂，因為據祖無擇的說法，當時御史臺的人對蘇東坡是非常不禮貌的，他們用繩子將人綁起來，「頃刻之間，拉一太守，如驅犬雞……」湖州百姓皆聞之落淚。

而蘇東坡在路上，也一度難過得想自殺。

相傳李定還曾向皇帝提建議，想讓蘇東坡一路在監牢中過夜，好在皇帝沒有同意，說蘇東坡又不是什麼江洋大盜，大可不必搞得那麼草木皆兵。

卻還是難免處處受辱。就連他的家人們，在投奔蘇轍的路上，也沒能逃過御史臺官差的盤查和恐嚇，王閏之一氣之下，哭著將他的詩稿燒了大半。

蘇東坡有一次就想跳進揚州的湖中，是他的大兒子蘇邁拉住了他。蘇邁獲准陪父親進京，他看到了父親遭受的所有心靈折磨。

這一年的八月十八日，蘇東坡被關進了御史臺的監獄。

御史臺又稱烏臺，是汴京城內唯一朝北，取「陰殺之義」的官衙，四周種滿了柏樹，最高齡的樹已經有好幾百歲了。附近山上的烏鴉在樹梢築巢而居，數量有數千隻，晨去暮來，常於低空盤旋，呱呱鳴叫，翅羽可遮天蔽日。

關押蘇東坡的牢房，很像一口百尺深井，在裡面一舉一動都會觸及四壁，只有頭頂漏下幽幽天光，給人一點人世的念想。在很多個孤冷無依的深夜，蘇東坡流過的眼淚可以浸溼紙筆。

一切按照審訊死囚的流程來。

御史們為了拿到他們想要的「證據」，一方面對外全力搜索蘇東坡的詩詞，但凡與其有過書信往來的人，都要配合調查。

另一方面則對蘇東坡百般逼供，動輒凌辱，讓他解釋每一句詩的由來，包括所引用的典故。當時有一位叫蘇頌的大臣被關在隔壁，他曾聽到御史們通宵辱罵詩人的聲音。他們想摧毀蘇東坡的意志，對他使用了疲勞審訊。在詩中，蘇頌感嘆道：「遙憐北戶吳興守（湖州太守），詬辱通宵不忍聞。」

八月三十一日，蘇東坡承認自己寫了諷刺新法的詩，但他認為自己只是描述了實際情況，比如在杭州時，那些百姓的確沒有鹽吃，生活得極為艱苦。

那個時候，他心神俱損，只求速死。他在地下埋了一些青金丹，如果一次性吃下去，便可體面離去。而他最終還是沒有服藥，按照他後來的說法，是因為他不想連累朋友們，又落得一個畏罪自殺的汙名。

好在到了十月中旬，案情終於出現了轉機。

蘇東坡入獄之後，蘇邁每天都會去給父親送飯，父子之間也有一個「平安蔬菜殺頭魚」的暗號。但有一天，蘇邁要出城借錢，便託親戚去給父親送飯。那個親戚不知送飯的奧祕，故特意送去一條精心烹製的魚，怎料蘇東坡一頓飯竟吃得雙手顫抖，哽咽不已。是夜，霜氣淒淒，冷徹身骨，一燈如豆，四壁昏昏，他枯坐井中，只覺哀意浩蕩，綿綿無絕。

浮生若夢，為歡幾何？放眼四十餘年的歲月，他可以馬革裹屍，可以為民捨命，卻從未想過，有一天會成為黨爭的犧牲品，在囹圄之中，被宵小之輩構陷凌辱，帶著不忠不義的罪名，如螻蟻一般死去。

仰天長嘆後，他遂寫下兩首絕命詩，託人寄給蘇轍，願有來世，再與君為兄弟，續夜雨對床之約。

聖主如天萬物春，小臣愚暗自忘身。
百年未滿先償債，十口無歸更累人。
是處青山可埋骨，他年夜雨獨傷神。
與君世世為兄弟，更結人間未了因。

柏臺霜氣夜淒淒，風動瑯璫月向低。
夢繞雲山心似鹿，魂飛湯火命如雞。
眼中犀角真吾子，身後牛衣愧老妻。
百歲神遊定何處，桐鄉知葬浙江西。
——〈予以事繫御史臺獄，獄吏稍見侵，自度不能堪，死獄中，不得一別子由，故作二詩授獄卒梁成，以遺子由〉

獄卒梁成是個仁義的好人，也是蘇東坡的粉絲，在烏臺監獄，他每天都會給蘇東坡打洗腳水。

在遙遠的江浙之地，自從蘇東坡入獄後，那裡的百姓就開始自發為他做「解厄道場」，祈願他可以平安渡過劫難。

只是，蘇東坡把絕命詩交給了梁成，卻被蘇轍拒收（據說蘇轍是希望這兩首詩被皇帝看到），後又輾轉到了皇帝手中。

果然如蘇轍所料，皇帝在詩中看到了一個兄長的擔當與情意，也看到了一個臣子的忠義與磊落，不禁被深深觸動了。

而且，蘇東坡的朋友們也紛紛上表，在皇帝面前為他求情，如告老還鄉的范鎮、張方平，在朝當政的左相吳充，給皇帝修起居注的王安禮，擔任右諫議大夫的章惇，甚至還有已經隱居金陵，不問世事的王安石。

蘇轍願意解除自己的官職為哥哥擔責，只求能免其死罪。

吳充勸誡皇帝：「曹操那麼多疑的人，尚能容忍擊鼓罵曹的禰衡，陛下為何就不能容忍一個寫詩的蘇軾呢？」

王安禮不顧李定的恐嚇，也直言相諫道：「自古以來，大度的君王，都不會因為言語去怪罪人。」

後來稱讚蘇東坡「不知更幾百年，方有如此人物」的王安石則上書說：「豈有聖世而殺才士者乎？」（宋太祖曾立碑不殺士大夫和上書言事者。）

一個人在危難之時，能得到朋友的幫助並不稀奇，但如果昔日的敵人也為他求情，說明了什麼？

皇帝動搖了。

最後，皇帝的祖母，光獻太皇太后曹氏又為解救蘇東坡助了一臂之力。

「今日為子孫得了兩個太平宰相。」病榻之上，太皇太后依然記得當年仁宗皇帝遇見蘇家兄弟後，臉上那種欣喜的神情。

所以，在皇帝想用大赦天下的方式為祖母祈壽的時候，太皇太后流著眼淚說：「不必大赦天下，便宜了凶惡之人，放了蘇軾就夠了。」

皇帝心裡一軟，也落下淚來。十月十五日即下詔：「死罪流囚以下，一律開釋。」

蘇東坡暫無性命之憂，但他的敵人們不會輕易放過他。

在最後的一次補刀機會中，宰相王珪告訴皇帝，蘇東坡有不臣之心。

皇帝認為蘇東坡固然有罪，但不臣之心，扯遠了吧？

王珪搬出了蘇東坡的一首寫檜樹的詩：

凜然相對敢相欺，直幹凌空未要奇。
根到九泉無曲處，世間惟有蟄龍知。

——〈王復秀才所居雙檜二首〉

「陛下飛龍在天，蘇軾卻要求知於地下的蟄龍，這正是不臣之心。」

皇帝說：「自古稱龍的人多了去了，又不是只有皇帝才能稱龍，孔明還稱臥龍呢。」王珪被皇帝的話噎住了，只能閉口退去。

皇帝決定親自去試一試蘇東坡的人品。

一天夜間，皇帝派了一個親信走進蘇東坡的牢房。那人不說話，進來之後倒頭就睡。蘇東坡以為是新來的犯人，就沒有理會，給人讓了點地方後，又繼續睡去了，過了一會兒，還打起鼾來。

四更天時，那人突然把蘇東坡搖醒，連道：「恭喜學士，恭喜學士。」蘇東坡問：「喜從何來？」答：「無事，盡可安心。」遂匆匆離去。

翌日清晨，皇帝聽到稟報，於是笑道：「朕早就知道，蘇軾是胸中無事的人。」

這一年的十二月二十九日，終審判決出來了：

蘇東坡被貶至湖北黃州擔任團練副使，本州安置，不可簽署公文。

曾給蘇東坡通風報信，與之往來密切的駙馬王詵被削除了所有的官職與爵位。

同樣與蘇東坡多有詩詞往來的王鞏被貶至遙遠的廣西賓州。

蘇轍被貶至江西筠州擔任監酒小官。

張方平、范鎮、司馬光、黃庭堅等收受過蘇東坡詩詞且不主動上繳的官員各罰銅三十斤到二十斤不等。

蘇東坡出獄的那一天正好是除夕。

這場無妄之災，讓他在烏臺的枯井裡待了一百多個日夜，走出監獄大門的時候，春風拂面，車水馬龍，周遭全是人世的味道，自由的味道。

他還活著，又可以喝到美酒了，寫起詩來依舊下筆如神，正氣如刀。一切真是恍然如夢啊。那麼至於這場災難，也就懶得去追究了。

自然也就忘記了，這場災難全是因為他的下筆如神，正氣如刀。

可不是嗎，這天晚上，他又忍不住寫了兩首詩。

百日歸期恰及春，殘生樂事最關身。
出門便旋風吹面，走馬聯翩鵲啅人。
卻對酒杯渾是夢，試拈詩筆已如神。
此災何必深追咎，竊祿從來豈有因。

平生文字為吾累，此去聲名不厭低。
寒上縱歸他日馬，城中不鬥少年雞。
休官彭澤貧無酒，隱几維摩病有妻。
堪笑睢陽老從事，為余投檄向江西。

——〈出獄次前韻二首〉

他想起謹慎了半輩子的蘇轍，此番受他所累，只能領著一大家子人去江西做個芝麻小官，估計又要過像陳州那樣風雨飄搖的日子，心裡就愧疚得不行。但如果換成蘇轍入獄，要他拿命去換，他也不會說半個不字。

他想起自己以後應該會更窮了，不過正好嘗試一下陶淵明和王維那樣的生活，沒有錢買酒，可以自己釀菊花酒喝，病了的時候，身邊還有妻子相伴，日子也不賴嘛。

兩首詩寫下，他又突然想起，朋友們勸他莫寫詩的事情，而他又在詩中寫了一個「少年雞」的典故來諷刺那些朝堂上的諂媚小人——唐代賈昌少年時因鬥雞博得天子喜愛。

於是擲筆大笑道：「哎呀，我真是沒救了！」

確實，蘇東坡沒救了，樂觀得沒救了，大度得沒救了。

但卡夫卡說，每個人都會用自己的方式離開地獄。

那麼蘇東坡何嘗不是在用自己的方式離開地獄？

就像他說過的一句話：「某平生無快意事，惟作文章，意之所創，則筆力曲折，無不盡意，自謂世間樂事無逾此者。」

在烏臺監獄，無論是絕命詩的現實主義的解救，還是將靈魂附著於天窗之外的草木微塵，寫出「蕭然風雪意，可折不可辱。風霽竹已回，猗猗散青玉」那樣的句子，他都是在用寫作的方式，完成從地獄到人間的自我救贖。

或許也正因為如此，後來在黃州，他才可以再一次地，用自己的方式於蠻荒之地構建天堂。

# 從政壇紅人到東坡農夫

他開始自稱東坡，也喜歡聽人喊他東坡，這個名字代表著他已遠離官場，只是一個與山川、草木、蟲魚打交道的人，似是自娛，實際上更像是一種不失體面的自嘲和一種無可奈何的自衛。

元豐三年（西元一〇八〇年）早春，蘇東坡在御史臺官差的押送下抵達黃州。

這一年，他四十四歲，兩鬢早已有了白髮，身體也越發清瘦。幸有長子蘇邁跟在他的身邊，一路徒步相隨，噓寒問暖。

而在此之前，黃州還只是一座寂寂無聞的江畔小城。

是蘇東坡的到來，改變了黃州的命運，讓這個長江繞郭，竹林連綿的地方成為歷史上一個獨特的文化座標。

同時，黃州也成就了蘇東坡。如果說眉山是「蘇軾」的生養之地，那麼黃州就是「蘇東坡」的精神故鄉，他那千古風流的才情，後半生的榮辱悲欣、一念清淨，都是從這裡出發。

因為是犯官，到黃州後，蘇東坡連落腳的地方都沒有。便只能先寄居在城中的定惠禪院，等蘇轍送家人過來後，再做新的安置。

這一段時間，他每天與僧人們同吃同住，日子過得還算樸素閒適。

對於蘇東坡來說，他本以為烏臺一案必死無疑，但現在，他彷彿又重生了一次，又可以欣賞這世間的風花雪月，草木河川，只要不去想那官場的紛紛擾擾，就會覺得人間處處都是那麼豐饒可愛。

不過，也正因為剛與死神擦肩而過，在精神世界裡，這個時候的他，遭受的創傷還未完全修復，還是一隻驚弓之鳥，羽翼顫顫，心有餘悸。

一天夜間，蘇東坡一個人走出定惠院，到長江邊去曬月亮。

春夜清寒，沙洲之上，草木尚未復甦，他敞開心扉，與一隻孤鴻對視，卻從對方的眼睛裡看到了自己的影子：

缺月掛疏桐，漏斷人初靜。誰見幽人獨往來？縹緲孤鴻影。

驚起卻回頭，有恨無人省。揀盡寒枝不肯棲，寂寞沙洲冷。

——〈卜運算元．黃州定惠院寓居作〉

這一闋詞後來被王國維盛讚，稱只有胸有萬卷書，筆無塵俗氣的人才能寫出這樣語意高妙的作品。

但到底還是覺得孤獨啊。

孤獨是一把劍，在夜色中極易出鞘。孤獨也是一座島嶼，而他心底沒有互通的河流……

在寫給遠方朋友的信件中，蘇東坡如此談及第一次過流放生活的感受：

某寓一僧舍，隨僧蔬食，甚自幸也。感恩念咎之外，灰心杜口，不曾看謁人。所云出入，蓋往村寺沐浴，及尋溪傍谷釣魚采藥，聊以自娛耳……

得罪以來，深自閉塞。扁舟草履，放浪山水間，與樵漁雜處，往往為醉人所推罵，輒自喜漸不為人所識，平生親友，無一字見及，有書與之亦不答，自幸庶幾免矣……

來黃州後，一些親友對蘇東坡避之不及，他也不敢再任性地寫詩，不敢隨意去拜訪附近的朋友，以免災難再次臨頭，更怕自己管不住嘴巴而被好事者巧以醞釀，生出新的禍端，牽累無辜。就連寫給朋友的這些信，他也會一再叮囑，別給其他人看啊，看完燒毀啊……

好在一開始，黃州百姓並不認識蘇東坡。

他就像穿上了一件隱身衣，盡可竹杖芒鞋，悠遊於荒江大山之間，自己給自己找一點快樂。

有時，他駕一葉扁舟，去釣魚，看風景，在衣袖裡藏許多小石子，打水漂。

有時，他去向農人們討村酒吃，吃醉了便扔下竹杖，放開手腳躺在地上，一派曠然天真，被身邊的醉漢推罵，也樂呵呵的不生氣。

有時，他去看望一株海棠。那株海棠在定惠院的東山上，與他一樣孤獨。那滿樹繁花讓他想起家鄉和愛人的容顏。在他的家鄉西蜀，海棠是名貴的植物，而在黃州，卻被人當作山野之木。去後山拾柴的僧人看到，這個古怪的人經常在花樹下沉吟，一站就是半日。他為美麗的海棠賦詩，疑心那株樹是多年前鴻鵠從他家鄉銜來的種子，讓遊子在異地可以告慰鄉思。

有時，他去尋訪廟宇，在風吹樹葉的大山中聽樵夫講鬼故事，一個又一個，聽得津津有味，末了還央求人家「姑妄言之也好」（亂編一個也是可以的嘛）。那些哄笑的樵夫們哪裡知道，眼前這個剛從地獄裡逃出來的人，最明白這世間真正可怕的，並非鬼神，而是人心。

蘇東坡也喜歡去安國寺沐浴。

安國寺位於黃州城東南二里處，那裡有「茂林修竹，陂池亭榭」，有豐富的經書，更有上好的沐浴場所。

每次沐浴之後，他都會披衣散髮地坐在樓閣之內，聽著僧人們誦經的聲音，對著周遭蒼翠的竹林，深自省察，默坐良久。

他漸漸發現，相比用溫湯洗淨身體的塵垢，來自宗教的禪修，更能給人靈魂深處的洗滌。正所謂一念清淨，染汙自落，物我相忘，榮辱皆空，於是「私竊樂之」……

待到蘇東坡心裡的那一大團亂麻總算是捋順了的時候，那個欠了一屁股債的蘇轍，也終於把哥哥的家眷們送到了黃州。

當然蘇東坡也窮得叮噹響。之前他就沒有什麼存款，到黃州之後，又幾乎沒有薪水，所以還是在鄂州太守朱壽昌的幫助下，才給家人們找到了一個容身之處。

是年五月二十九日，他們一家搬到了「臨皋亭」居住。那本是官府的一座驛站，緊靠長江，房屋簡陋，但尚能遮蔽風雨，勉強度日。

不過蘇東坡已經很滿足了！

他趕緊寫信告訴朋友，他住在一個風景絕佳之地，這種臨江而居，看風濤煙雨，曉夕百變，山水就像落在自家茶席上的幸福，是從未體驗過的。

江山風月，本無常主，閒者便是主人。

——〈臨皋閒題〉

只是蘇東坡能做江山風月的主人，卻不可避免要為一家子的溫飽問題傷腦筋。

家裡實在是太窮了，他便想了一個辦法，在每個月的月初，拿出四千五百文錢，將其分成三十等份，用長柄木杈一份一份地掛在房梁上，然後每天早上取下來一份。即便一天的錢不夠用，也不能動用其他的錢。如果哪天有剩餘，就存在竹筒裡。當然竹筒裡的錢也要精打細算，那可是用來招待客人的。

對了，重要的是要藏好木杈，不要被自己的手「看到」……

即便如此節儉，努力將生活維持在最低水準，蘇家的積蓄也沒能撐到第二年春天。

元豐三年（西元一〇八〇年）的春天，蘇東坡看上了城東的那片山壟，那裡曾是官府練兵的營地，當時已經荒廢多年，雖荊棘叢生，蓬蒿滿地，卻有五十多畝的面積，若好好耕耘利用，說不定可以解決一家的口糧呢。

可惜啊，他的身分和錢包，都不允許他買下那片地。

大約就在這個時候，蘇東坡的朋友馬夢得從京城來到了黃州。

馬夢得個性耿直，與蘇東坡年紀相仿，二十年前，他在京城太學做官，第一次看到蘇東坡在牆壁上寫的〈秋雨嘆〉便驚為天人，並決心結交蘇東坡，生死不棄。

蘇東坡笑馬夢得是個痴人，因為指望自己一朝富貴，就像在烏龜背上刮毛一樣艱難，不知何年何月才能織成毛毯。

實際上，馬夢得並非將蘇東坡看作貴人，他只是深信不疑地認定，蘇東坡是值得他追隨的賢人。

來到黃州後，馬夢得很快就幫蘇東坡成功地當上了農民，擁有了那片荒地。

蘇東坡高興極了。

他興沖沖地買來了一頭耕牛，又添置了農具，然後帶領全家人一起拓荒。

他是個聰明人，對土地有敬畏心，更會根據土地的性質播種不同的農作物，比如打算在低窪處播種稻穀，在山坡上播種小麥，在高地上栽種果樹和桑麻。他有自己的規畫，熟知時節，善於耕種，可別忘了，他骨子裡也有農人的基因。如果沒有從仕，他肯定能成為一名優秀的農民。

他先是在荒地上點了一把火，火光照亮了一小片天空，也將他的心境徹底照通透了。而春風漫去，野火燎原，既能免去割草的麻煩，又能讓草灰成為播種的肥料。

接著，在開墾的過程中，他又發現了一口暗井，正好可以解決灌溉的問題，真是太幸運啦，他不禁在荒地上飛奔起來。

就這樣，歷經重重困難，雖然錯過了稻穀的播種時期，但好在如期種上了小麥。而且不到一個月的時間，他的麥子就全部成活了。看著漫山遍野破土而出的麥苗，他那被太陽曬黑的臉上也泛起了淳樸的微笑，眼睛裡充滿光澤，覺得綠色是世間最可愛的顏色。

他想起唐代白居易曾在流放時躬耕於忠州的東坡，於是，他將這片城東的土地也命名為東坡，同時寫下〈東坡八首〉結繩記事……

至於他自己，他告訴朋友，本來想起個名字叫「鏖糟陂裡陶靖節」（邋遢版的陶淵明），但是想想旁人怕是不好稱呼，就乾脆自號「東坡居士」了。

夢中了了醉中醒。只淵明，是前生。
走遍人間，依舊卻躬耕。昨夜東坡春雨足，烏鵲喜，報新晴。
雪堂西畔暗泉鳴。北山傾，小溪橫。
南望亭丘，孤秀聳曾城。都是斜川當日景，吾老矣，寄餘齡。

——〈江城子〉

這一年的秋天，蘇東坡的麥子豐收了，果樹與菜蔬也長勢喜人，土地的慷慨贈予讓他滿懷感激，他認為一切都是上天賜給自己的福報。

值得一提的是，王朝雲正是在這個秋天做了蘇東坡的侍妾。

她已經長大成人，可以做他的解語花了，在這貧寒之地，為他帶來蝴蝶拍翅般溫柔的夢。

次年一月，蘇東坡又在菜園中闢出一塊空地，帶領家人伐木壘磚，建了一座農舍，可以居住，也可以用作書房。因房屋成時正逢大雪，他遂名之為「雪堂」，並在牆壁上畫了雪景，用以契合悠悠素心。

此後，他便經常在雪堂中煮酒煎茶，寫字畫畫，讀書待客。微醺時，似於夢中與陶淵明談心。閒暇時，他則在案几上一遍一遍地寫〈歸去來兮辭〉，在那些自然沖淡的筆劃間，他看到了當日陶淵明斜川的風景，澄靜山色，烏鵲南飛，同樣黏稠的春雨，打溼了他們相通的命運。

勞作的時候，他還將〈歸去來兮辭〉改成了〈哨遍〉，使之聲律相諧，給他的家童歌唱，他則在一邊叩擊牛角輕打節拍，直言不亦樂乎。

為米折腰，因酒棄家，口體交相累。歸去來，誰不遣君歸。覺從前皆非今是。露未晞。征夫指予歸路，門前笑語喧童稚。嗟舊菊都荒，新松暗老，吾年今已如此。但小窗容膝閉柴扉。策杖看孤雲暮鴻飛。雲出無心，鳥倦知還，本非有意。

> 噫！歸去來兮。我今忘我兼忘世。親戚無浪語，琴書中有真味。步翠麓崎嶇，泛溪窈窕，涓涓暗谷流春水。觀草木欣榮，幽人自感，吾生行且休矣。念寓形宇內復幾時。不自覺皇皇欲何之？委吾心、去留誰計。神仙知在何處？富貴非吾志。但知臨水登山嘯詠，自引壺觴自醉。此生天命更何疑。且乘流、遇坎還止。
>
> ——〈哨遍〉

所謂信者得愛，生活也一樣。

我們不必過度美化這種農耕生活，那其實與「何不食肉糜」無異。莫把存亡悲六客，已將地獄等天宮。我們需要讚美的，是他身處蠻荒之地，也能將一個有趣靈魂的審美價值發揮到極致的力量，這種力量甚至超越了勞作本身，優化了生命，所以立於天地之間，他便能輕易地與芸芸眾生區分。

春暖花開時，他又忍不住給朋友寫信，分享在窮苦寂澹的環境中自得其樂的心態，以及布衣蔬食、男耕女織之餘的悠閒時光，說有些時候，自己都發現，快樂得有些不好意思了。

東坡居士酒醉飯飽，倚於几上，白雲左繞，清江右迴，重門洞開，林巒岔入。當是時，若有思而無所思，已受萬物之備。慚愧！慚愧！

——〈書臨皋亭〉

世事萬端，皆不足介意。所謂自娛者，亦非世俗之樂，但胸中廓然無一物，即天壤之內，山川草木蟲魚之類，皆是供吾家樂事也。

——〈與子明兄〉

一枕無礙睡，輒亦得之耳，公無多奈我何，呵呵。

——〈與陳季常〉

在信中，他開始自稱東坡，也喜歡聽人喊他東坡。這個名字也將隨著黃州的日升月落，一點點地滲入他的生命，見證他遠離官場，化苦難為疏曠的年歲。

在這裡，他只是一個與山川、草木、蟲魚打交道的人，只是蘇東坡。

他也並非是一時衝動就給自己起了個新的稱號。而是在冰與火的淬煉中，掉一層皮，原來的名字才能抹掉一筆。

在他樂呵呵的笑容下面，看似是自娛，實際上更像是一種不失體面的自嘲，和一種無可奈何的自衛。

當然，這個時候的他，還不知道，有一天，蘇東坡這個名字會比他原來的名字更家喻戶曉，因為這個名字，不僅代表著一個天真曠達、豐饒有趣的靈魂，更象徵著一個士大夫百折不撓、浩然於天地的精氣神……

# 寒食帖，赤壁賦，一蓑煙雨任平生

大江東去，明月在天，他相信，只有文字可以不與草木同腐，天地之間，生死之外，萬物都有神祕的聯結。如果偉大的生命逝去可以化作天上的星辰，一定可以照亮詩人的眼睛，與之靈犀互通。

元豐五年（西元一〇八二年）春，黃州冷雨氾濫，連綿數月不息，蘇東坡坐在雪堂裡寫他的〈寒食帖〉，內心的傷感也像水波一樣漫過了紙筆。

他寫的是詩帖，後來被世人評為天下第三行書，與王羲之比肩而立，也是一個生活切片，溼答答的，夾雜著碾作塵泥的海棠花瓣、寒菜的苦香和灶臺中升起的白煙，還有烏鴉銜著紙錢飛過田野的叫聲，相隔千年，依然氣息生動，肌理分明。

自我來黃州，已過三寒食。

年年欲惜春，春去不容惜。
今年又苦雨，兩月秋蕭瑟。
臥聞海棠花，泥汙燕脂雪。
暗中偷負去，夜半真有力。
何殊病少年，病起頭已白。

春江欲入戶，雨勢來不已。
小屋如漁舟，濛濛水雲裡。
空庖煮寒菜，破竈燒溼葦。
那知是寒食，但見烏銜紙。
君門深九重，墳墓在萬里。
也擬哭途窮，死灰吹不起。

——〈寒食雨二首〉

這一天是寒食節，是為故去的親人祭掃的日子，他卻不能回到蜀地，想一想還真是傷懷啊。

但放眼在黃州的年歲，他還是很少在文字中流露出這樣的淒然以及壯志難酬的心酸，彷彿是孤鴻的一聲悲鳴，劃裂了高空，讓人尤為心痛。

通常，生活即便再窘迫，他也能從苦中細細咀嚼出回甘的滋味來。他的心思煙波浩渺，若說多愁善感，當真是辱沒了他。

不過，結合他之後在黃州的作品，那些將註定這一年是可以載入文學史的一年，再來看這兩首詩，倒是有一種英雄主義的味道。

就像羅曼．羅蘭說的那個被人引用過很多次，卻依舊每次能讓人產生心靈震顫的句子——這個世界上，只有一種英雄主義，那就是在認清生活的真相後，依然熱愛生活。

這一年的三月七日，蘇東坡與朋友相約去沙湖看田。東坡那片土地雖好，但畢竟是官府所有，隨時都有被收回的可能。顯然，這個時候的他，已經做好了在黃州度過餘生的打算。

天氣難得放晴，怎料半路上又突然下起雨來，朋友們都忙著找地方躲雨，只有蘇東坡依然徐徐而行，芒鞋竹杖，步履輕盈，一路且嘯且歌，不懼煙雨重重。待歸來時，雲翳與酒意都在春風中散盡，又逢一襟晚照相迎，他的心湖也一片澄淨光明：

莫聽穿林打葉聲，何妨吟嘯且徐行。
竹杖芒鞋輕勝馬，誰怕？一蓑煙雨任平生。
料峭春風吹酒醒，微冷，山頭斜照卻相迎。
回首向來蕭瑟處，歸去，也無風雨也無晴。

——〈定風波〉

這一首〈定風波〉後來也成了蘇東坡的代表作，被一代又一代的人推崇和喜愛。其中「一蓑煙雨任平生」一句，不僅可以當作他後半生灑脫超然的處世態度和精神境界，更是為他打通了文學上的任督二脈，從此無論是詩文，還是書畫，或是詞賦，皆可臻於化境，勢不可當。

一個春夜，月光滿地，芳草連天，蘇東坡騎著馬，醉醺醺地走在蘄水邊，到了溪橋上，便解鞍下馬，枕著胳膊睡去。醒來時，青山都倒映在眼眸上，流水在耳邊鏘鏘作響，只疑心自己身處天河之畔。

為了留下塵世的印記，他特意在橋柱子上題了一首詞：

照野瀰瀰淺浪，橫空隱隱層霄。
障泥未解玉驄驕，我欲醉眠芳草。
可惜一溪風月，莫教踏碎瓊瑤。
解鞍欹枕綠楊橋，杜宇一聲春曉。

——〈西江月・頃在黃州〉

在黃州西北，長江之濱，距離太守官邸數百步的地方，又有一片赤色的懸崖峭壁倒映在深碧的江水中，當地人將其稱為「赤壁」，相傳正是三國時周瑜用巧計火燒八十萬曹軍的古戰場。

蘇東坡第一次去那裡，還是剛到黃州不久的時候，「舟至赤壁，西望武昌山谷，喬木蒼然，雲濤際天」，他看到壁上盤踞著兩條大蛇，也看到了江水裡美麗的卵石。那些卵石生得溫潤如玉，色澤繽紛可愛。他後來每一次去，都要撿回一些，有時還會用酥餅與當地熟習水性的小孩子交換。如此家中一下便存了兩三百枚。他將那些石頭放在銅盤裡，倒上清水，細細把玩欣賞，在陽光下，竟有一種晶瑩剔透的美感，其中更有一枚長得像老虎頭，眼睛口鼻都栩栩如生，最是討人歡喜，被他視作珍愛之物。

是年七月十六日，蘇東坡又約了幾個朋友一起去赤壁賞月，大家棹扁舟一葉，迎著清風，一路飲酒唱詩，好不自在。

過了一會兒，月亮從東山升起來，徘徊在北斗星與天牛星之間，牛乳一般的月光灑落在江面上，又與茫茫白霧交融在一起，橫貫水面，彷彿是天女的水袖。

這時，也不必划槳而行了，盡可放縱葦葉似的小舟在江面上隨意漂浮，閉上眼睛，就像是兩腋生出了羽翼，御風飛行在無邊的仙境，內心盡是遺世的高妙。

於是他們開始唱歌。歌詞是蘇東坡寫的，他輕輕叩擊船舷打著節拍──「桂棹兮蘭槳，擊空明兮溯流光。渺渺兮予懷，望美人兮天一方……」

其中有位會吹洞簫的朋友也來伴奏，簫聲在山水之間漾開，如怨如慕，如泣如訴，餘音迴盪，裊裊如遊絲，可以讓深谷裡的魚龍騰空而舞，也可以讓遠處的孀婦落下淚來。

蘇東坡也聽得哀愁不已，便正襟危坐，問吹簫的朋友：「這支曲子為何聽起來如此悲傷？」

朋友告訴蘇東坡，因為他想起了赤壁的往事，曾經曹操就是在這裡對酒當歌，吟誦

「月明星稀，烏鵲南飛」。

「你看我們現在所在的地方，西望夏口，東望武昌，不正是曹孟德被周瑜所困的地方？當初他攻陷荊州，奪得江陵，沿長江順流東下，麾下戰船首尾相連延綿千里，船上旌旗遮天蔽日，何等風光？這樣斟酒臨江，橫槊賦詩的一世英雄，如今又在哪裡呢？而我們這些以魚蝦為侶，以麋鹿為友，駕著一葉漁舟在江面上飲酒的人，就像是寄身於天地的蜉蝣，漂泊於滄海的粟米，多麼渺小！可嘆我們的生命，如此稍縱即逝，真是羨慕長江的無窮無盡啊。如果可以與飛仙一起遨遊世間，與明月相擁而永存不朽該有多好！然而這些終究不能實現，也只能將這綿長的憾恨注入簫音，寄託給悲涼的秋風了……」

蘇東坡聽了朋友的話，決定開解一下對方：「那好，我們就來談一談這江水與明月。你看這時間，就像流動的江水，但實際上並沒有真正逝去；就像那盈缺的明月，但其實從來都沒有缺失。如此來看，事物每一個瞬間都是易變的，但事物同樣也都是恆定的，那麼我們又有什麼好去羨慕的呢？何況在這天地之間，萬物皆有其主，既然我們不是造物者，對於別人家的東西，自然一分一毫都不能奢求。不過，這江山的清風、山間的明月，經過我們的耳朵就可以成為聲音，進入我們的眼睛就可以成為顏色，這些都是取之不盡，用之不竭的，也是我們可以盡情享受的大自然恩賜的寶藏啊！」

朋友聽完，臉上露出了微笑，心情也豁然開朗，又接著喝起酒來。最後，在狼藉的杯盤間，大家都睡著了，待醒來時，東方已經露出了白色的晨光。

是日夜遊而歸後，蘇東坡將這場山河為席，月光佐酒的精神盛宴寫成了一篇〈赤壁賦〉，和他的日記放在一起，然後又去田間忙碌了。

壬戌之秋，七月既望，蘇子與客泛舟遊於赤壁之下。清風徐來，水波不興。舉酒屬客，誦明月之詩，歌窈窕之章。少焉，月出於東山之上，徘徊於斗牛之間。白露橫江，水光接天。縱一葦之所如，凌萬頃之茫然。浩浩乎如馮虛御風，而不知其所止；飄飄乎如遺世獨立，羽化而登仙。

於是飲酒樂甚，扣舷而歌之。歌曰：「桂棹兮蘭槳，擊空明兮溯流光。渺渺兮予懷，望美人兮天一方。」客有吹洞簫者，倚歌而和之。其聲嗚嗚然，如怨如慕，如泣如訴；餘音嫋嫋，不絕如縷。舞幽壑之潛蛟，泣孤舟之嫠婦。

蘇子愀然，正襟危坐，而問客曰：「何為其然也？」客曰：「『月明星稀，烏鵲南飛。』此非曹孟德之詩乎？西望夏口，東望武昌，山川相繆，鬱乎蒼蒼，此非孟德之困於周郎者乎？方其破荊州，下江陵，順流而東也，舳艫千里，旌旗蔽空，釃酒臨江，橫槊賦詩，固一世之雄也，而今安在哉？況吾與子，漁樵於江渚之上，侶魚蝦而友麋鹿，駕一葉之扁舟，舉匏樽以相屬。寄蜉蝣於天地，渺滄海之一粟。哀吾生之須臾，羨長江之無窮。挾飛仙以遨遊，抱明月而長終。知不可乎驟得，托遺響於悲風。」

蘇子曰：「客亦知夫水與月乎？逝者如斯，而未嘗往也；盈虛者如彼，而卒莫消長也。蓋將自其變者而觀之，則天地曾不能以一瞬；自其不變者而觀之，則物與我皆無盡也，而又何羨乎！且夫天地之間，物各有主，苟非吾之所有，雖一毫而莫取。惟江上之清風，與山間之明月，耳得之而為聲，目遇之而成色，取之無禁，用之不竭。是造物者之無盡藏也，而吾與子之所共適。」

客喜而笑，洗盞更酌。肴核既盡，杯盤狼藉。相與枕藉乎舟中，不知東方之既白。

——〈赤壁賦〉

鄉鄰們經常看見他走在黃泥路上，臉上帶著農人的微笑。沒有人知道這個人的筆下，才流瀉出一篇可以接通古今文脈的作品，源自他一生中苦難的深淵，也是才華的巔峰時刻。

這一年的十月十五夜，白露為霜，樹葉紛飛，蘇東坡從雪堂出發，正準備回臨皋亭，忽有客人來訪。

蘇東坡很高興，既然月白風清，有客有酒，如果不再去一趟赤壁，豈不辜負了良夜？於是，不久後，他又寫下了這一篇〈後赤壁賦〉，山高月小，水落石出，就像是描寫一個書生經歷的幻境，似焉非焉，夢裡有白鶴來訪。

> 是歲十月之望，步自雪堂，將歸於臨皋。二客從予過黃泥之坂。霜露既降，木葉盡脫。人影在地，仰見明月，顧而樂之，行歌相答。已而嘆曰：「有客無酒，有酒無餚，月白風清，如此良夜何？」客曰：「今者薄暮，舉網得魚，巨口細鱗，狀如松江之鱸。顧安所得酒乎？」歸而謀諸婦。婦曰：「我有斗酒，藏之久矣，以待子不時之須。」於是攜酒與魚，復遊於赤壁之下。江流有聲，斷岸千尺，山高月小，水落石出。曾日月之幾何，而江山不可復識矣！予乃攝衣而上，履巉岩，披蒙茸，踞虎豹，登虯龍，攀棲鶻之危巢，俯馮夷之幽宮。蓋二客不能從焉。劃然長嘯，草木震動，山鳴谷應，風起水湧。予亦悄然而悲，肅然而恐，凜乎其不可留也。反而登舟，放乎中流，聽其所止而休焉。

時夜將半，四顧寂寥。適有孤鶴，橫江東來。翅如車輪，玄裳縞衣，戛然長鳴，掠予舟而西也。

須臾客去，予亦就睡。夢一道士，羽衣蹁躚，過臨皋之下，揖予而言曰：「赤壁之遊樂乎？」問其姓名，俛而不答。「嗚呼！噫嘻！我知之矣。疇昔之夜，飛鳴而過我者，非子也耶？」道士顧笑，予亦驚寤。開戶視之，不見其處。

——〈後赤壁賦〉

在黃州，也不知道蘇東坡到底去了多少次赤壁，只知道他喜歡那裡，每次有朋友過來看他，他都會以小舟載酒，飲於赤壁之下。

比如有次一個叫李善的朋友來訪：「李善吹笛，酒酣，作數弄。風起水湧，大魚皆出，山上有棲鶻，亦驚起。坐念孟德、公瑾，如昨日耳。」

可見，他去那裡，不僅是為了待客，為了澄懷、觀道、神遊、抒發懷古之幽情，也是為了與千年之前的靈魂會晤。

逐鹿中原的曹孟德、馳馬射虎的孫仲謀、隆中決策的諸葛亮、妙計破曹的周公瑾……那個時候，江山如畫，美人如虹，一切都是英雄的陪襯。

而千年之後，可有人在此敬一杯酒，給致君堯舜，赤壁懷古的蘇東坡？

大江東去，浪淘盡，千古風流人物。
故壘西邊，人道是，三國周郎赤壁。
亂石穿空，驚濤拍岸，卷起千堆雪。
江山如畫，一時多少豪傑！
遙想公瑾當年，小喬初嫁了，雄姿英發。
羽扇綸巾，談笑間，檣櫓灰飛煙滅。
故國神遊，多情應笑我，早生華髮。
人生如夢，一尊還酹江月。

——〈念奴嬌．赤壁懷古〉

如果靈魂是一個容器，那麼在這首詞中，他已經倒入了江水、月光和烈酒，以酬千年之前的風流。

人生如夢也如寄，幸而黃州有這一處石壁，讓他向山水敞開心扉，鬱鬱蒼蒼的傲骨豪情有了落腳之處，哪怕真正的赤壁其實是在荊州蒲圻縣沿江一百里的南岸。

而大江東去，明月在天，他相信，只有文字可以不與草木同腐，天地之間，生死之外，萬物都有神祕的連結。如果偉大的生命逝去可以化作天上的星辰，一定可以照亮詩人的眼睛，與之靈犀互通。

只是蘇東坡不知道，千年之後，這個被誤傳的赤壁，已經成了東坡赤壁，他在此寫下的詞章，也被世人稱為絕妙好詞，古今絕唱，幾乎每個人都會背誦。

當然，值得一提的是，黃州階段的作品，蘇東坡自己也挺滿意的。

一次有客人來，蘇東坡與其談到最近的詞作，便問客人：「嘿，說說看，我的詞跟柳永比如何？」

客人回：「不好比啊。」

蘇東坡一驚：「啊，為什麼為什麼，你說說看？」

客人說：「因為柳永的詞，只合適十七八歲的女郎執紅牙板，歌『楊柳岸曉風殘月』，而你的詞，卻需要關西大漢執鐵板，唱『大江東去』……」

蘇東坡滿意了，遂哈哈大笑。

## 豬肉頌，蜜酒歌，此心安處是吾鄉

可見，在吃貨的心底，不管身處何時何地，生活是苦難還是甘美，整個世界都是一張由食物與記憶繪成的地圖，而舌尖如船，帶著味蕾與靈魂浪跡美食的江湖，與君春風一杯酒，可宵夜雨十年愁。

元豐五年（西元一〇八二年）的一個秋夜，蘇東坡在雪堂與人暢飲，醉了一次又一次。當他趕往臨皋亭就寢時，已是三更，他輕輕敲門，卻只有家童如雷的鼾聲回應。

他便一個人走到了江邊。是時，夜色闌珊，黎明未至，天地之間，安靜得能聽見自己的呼吸。他看到長江宛若一匹細膩的素絹，在原野上鋪展而去，青山的輪廓迤邐，如佳人的眉黛。而江水的另一頭，青山的另一邊，都是他可望而不可及的遠方。他也看到了自己，一個兩鬢斑白，為生計奔勞而身不出己的人，真是千般寂寞無處說啊。

於是，他對著江水，唱了一首歌：

夜飲東坡醒復醉，歸來彷彿三更。
家童鼻息已雷鳴。敲門都不應，倚杖聽江聲。
長恨此身非我有，何時忘卻營營？
夜闌風靜縠紋平。小舟從此逝，江海寄餘生。

——〈臨江仙〉

這首詞最先是被江岸的漁人聽到的，但傳到黃州太守徐大受耳朵裡就變成了蘇東坡把衣服、帽子掛在江邊的樹枝上，一個人乘著扁舟，長嘯著，江海寄餘生去了⋯⋯

徐太守也是蘇東坡的朋友，他們經常一起飲酒烹茶。徐太守一聽就慌了，如果蘇東坡真的逃跑了，那麼他不僅失去了一個好友，身為地方官，還要擔負失職的大罪。

怎料徐太守心急火燎地趕到蘇東坡家裡時，蘇東坡正在床上睡大覺呢。徐太守看著對方一臉無辜的樣子，只覺得又好氣又好笑。

事後蘇東坡和徐太守談起這個誤會，還半開玩笑地說：「放心吧，我不會跑，我捨不得黃州。」

這話其實是真的。蘇東坡後來重返京師，再下杭州，看過那麼多美景和美食，也依然念念不忘他的東坡，他的雪堂，當然，還有黃州的美食。

今人常親切地將蘇東坡稱之為「吃貨」——在文章裡，他則自稱「老饕」，這個稱呼自然也可以翻譯成「一枚資深的吃貨」。

他顯然深諳各種食材和美味佳餚之間的祕密：「嘗項上之一臠，嚼霜前之兩螯。爛櫻珠之煎蜜，滃杏酪之蒸羔。蛤半熟而含酒，蟹微生而帶糟。蓋聚物之夭美，以養吾之老饕。」

君不見，蘇東坡來黃州寫的第一首詩就是：

自笑平生為口忙，老來事業轉荒唐。
長江繞郭知魚美，好竹連山覺筍香。

——〈初到黃州〉

黃州的魚很便宜，精通烹飪之道的蘇東坡很快就發明了一種煮魚的方法。他將鯉魚剖開，在魚肚裡抹上鹽，塞進白菜，與蔥白同煎，再加入生薑、蘿蔔汁和酒同煮，最後加一些橘皮，味道極其鮮美。

他還創造了一道筍衣與白菜心加鱖魚同煮的菜譜，據說美味得令人不敢獨享。於是，他馬上寫信給朋友錢勰——他當年在杭州做通判時，錢勰就經常相贈美食。

竹萌亦佳貺，取筍簟菘心與鱖相對，清水煮熟，用薑蘆服自然汁及酒三物等，入少鹽，漸漸點灑之，過熟可食。不敢獨味此，請依法作，與老嫂共之。呵呵。

可見，在吃貨的心底，不管身處何時何地，生活是苦難還是甘美，整個世界都是一張由食物與記憶繪成的地圖，而舌尖如船，帶著味蕾與靈魂浪跡美食的江湖，與君春風一杯酒，可宵夜雨十年愁。

蘇東坡還是第一個為豬肉正名的人。

自李唐開國，受胡風影響，民間素來以羊肉為貴，豬肉為賤。藥王孫思邈就曾在他的書裡說過：「凡豬肉久食，令人少子精，發宿病。豚肉久食，令人遍體筋肉碎痛乏氣。」

但孟子也說過，盡信書則不如無書。這些對豬肉不友好的言論，蘇東坡才不信呢。一天，蘇東坡正向朋友們講述豬肉的美味，有人質疑：「吃豬肉引發風病怎麼辦？」蘇東坡就說：「誣告豬肉可要不得啊！」

他不僅喜歡吃豬肉，更要為豬肉寫頌：

淨洗鐺，少著水，柴頭罨煙焰不起。
待他自熟莫催他，火候足時他自美。
黃州好豬肉，價賤如泥土。
貴者不肯吃，貧者不解煮。
淨洗鐺，少著水，柴頭罨煙焰不起。
待他自熟莫催他，火候足時他自美。
早晨起來打兩碗，飽得自家君莫管。

——〈豬肉頌〉

如此，這世間便出現了第一碗「東坡肉」，來自臨皋亭的鍋灶之間，小火慢燉，肥而不膩，色澤如琉璃，香氣與滋味共鳴，從鼻腔到舌尖，從腸胃到心底，每一口，都蘊含著特殊的感情和記憶，給人帶來多維的愉悅。

不過，在黃州，總有那麼多連豬肉和魚蝦都買不起的日子，而蘇東坡之所以過得那麼窮，有時連溫飽都不能解決，主要還是因為他把家裡好不容易存下的積蓄都捐給了育幼院。

他到黃州後，偶然得知當地一直有溺殺嬰兒的習俗，比密州丟棄嬰兒更惡。他馬上寫信給太守，直言「聞之心酸，食不下嚥」，並帶頭捐錢，懇請建立育幼院，拯救那些無辜的嬰兒。

這個時候，「東坡羹」便應運而生了。

蘇東坡將白菜、薺菜、野果、粳米等素食雜煮成菜羹，味道果然軟糯香甜，滿滿都是山野的回甘和接地氣的人間滋味。

他將這樣的素食日子稱為清歡，認為可祛除體內的油膩。後來他出黃州，到山水之間悠遊，吃到清茶野菜，還會欣欣然寫下：

細雨斜風作曉寒，淡煙疏柳媚晴灘。入淮清洛漸慢慢。
雪沫乳花浮午盞，蓼茸蒿筍試春盤。人間有味是清歡。

——〈浣溪沙〉

而美食之外，蘇東坡又好茶好酒。

酒是俠士，茶如佳人，在蘇東坡心裡，兩者缺一不可，也是生活美學和儀式感的佐證。

到黃州後，蘇東坡在園子裡種了不少茶樹，自己製茶、烹茶，為茶寫詩，還有意一續《茶經》。

那個時候，他的茶樹旁邊就是鄰居家的竹林。竹林裡有好筍，他認為茶筍在一起盡可詮釋禪味。陽光溫暖的春日，他的鄰居偶爾會看到他在竹林裡休憩，到了黃昏，他還會撿一點筍衣回去，給妻子做鞋樣。

大約也是在元豐五年，來自蜀地的道人楊世昌給蘇東坡送來了釀酒的方子。

對於酒，蘇東坡曾自稱：「雖飲酒不多，然而日欲把盞為樂，殆不可一日無此君。」楊世昌真是雪中送炭啊。

或許是因為生活太清苦了，蘇東坡決定以糯米和蜂蜜為原料，釀一罈開甕香滿城的蜜酒。

珍珠為漿玉為醴，六月田夫汗流項。
不如春甕自生香，蜂為耕耘花作米。
一日小沸魚吐沫，二日眩轉清光活。
三日開甕香滿城，快瀉銀瓶不須撥。
百錢一斗濃無聲，甘露微濁醍醐清。
君不見南園採花蜂似雨，天教釀酒醉先生。
先生年來窮到骨，向人乞米何曾得。
世間萬事何悠悠，蜂蜜大勝監河候。

——〈蜜酒歌〉

從這首歌中，我們可以看到，這一年，他的稻穀豐收了，蜂蜜也香濃可口，而他將二者融合在一起，製造出絕世佳釀，也已經志在必得了，便忍不住笑顏逐開地感嘆道：

「看來這一次，老天爺是誠心想醉倒我哦！」

那麼東坡蜜酒到底好不好喝？

蘇東坡的兒子蘇邁喝過一次就不願再喝。蘇邁覺得味道像是帶有苦味的屠蘇酒，還會讓人拉肚子，所以他說，他父親釀的不是蜜酒，而是瀉藥。

或許對於蘇東坡來說，美食給人慰藉，茶讓人心安，而酒，應該是為了一醉解千愁，萬事皆可拋吧。

如若不然，他又何必在王朝雲生下孩子之後自嘲道：

人皆養子望聰明，我被聰明誤一生。
惟願孩兒愚且魯，無災無難到公卿。

——〈洗兒詩〉

秦觀也喝過蜜酒，他在詩中寫：「蜂蜜而今釀玉液，金丹何如此酒強。」

蘇東坡馬上激動地回覆：「巧奪天工術已新，釀成玉液長精神。迎賓莫道無佳物，蜜酒三杯一醉君。」

自此之後，只要雪堂有客人來，他都會慷慨地將蜜酒端出來。

元豐六年（西元一〇八三年），受烏臺詩案牽連的王鞏終於得以北歸。對於王鞏遭貶一事，蘇東坡一直愧疚得不行，他曾告訴朋友：「定國（王鞏）為我所累尤深，流落荒服[7]，親愛隔闊。每念至此，覺心肺間便有湯火芒刺。」所以王鞏路過黃州來看他，他更是要熱情招待，將所有珍藏的美食和美酒，都拿了出來。

這一次，王鞏雖然沒有為蜜酒留下詩句，但他的美妾柔奴讓蘇東坡視為名士，惺惺相惜。

柔奴本是京城有名的歌姬，善彈琵琶，才貌雙絕。王鞏遭遇流放後，可嘆昔日他姬妾無數，彼時卻盡數散去，僅有柔奴生死相隨。

席間，蘇東坡問及柔奴，嶺南風物如何，可曾思念家鄉。柔奴莞爾，盈盈答道：「此心安處，便是吾鄉。」

蘇東坡不禁大受觸動，遂填了一首詞送給眼前這位心思玲瓏的妙人兒。

常羨人間琢玉郎，天應乞與點酥娘。
盡道清歌傳皓齒，風起，雪飛炎海變清涼。
萬里歸來顏愈少，微笑，笑時猶帶嶺梅香。
試問嶺南應不好，卻道，此心安處是吾鄉。

——〈定風波〉

此心安處是吾鄉，不正是他修煉的圓融之道嗎？

蘇東坡笑了，笑自己一肚子筆墨文章，竟不及一位小女子通透。

於是，自罰三杯。

據說，三杯都是蜜酒……

7 荒服：古時候把離京城最遠的屬地稱為荒服。離土城約兩千至兩千五百里。

## 再見黃州：與李白在廬山「狹路相逢」

彼時，李白尚是仗劍去國，辭親遠遊的少年，心懷救濟蒼生和安定黎民的志向。而二十多年前，蘇東坡也曾懷著同樣的心情初次出川。飛流如鏡，站在香爐峰的瀑布前，與謫仙的詩情並肩，蘇東坡卻看到了他們心底相通的豪情與孤獨。

元豐七年（西元一〇八四年）的三月初三夜，蘇東坡正在定惠院東山的海棠花樹下喝酒。

是時花朵簇簇，清月遍野，良朋在側，醺然間，已不知人間幾何。

便更不知，千里之外，汴京城內，神宗皇帝寫下的手詔，才剛剛被一匹快馬送出宮門，上書：

蘇軾黜居思咎，閱歲滋深；人材實難，弗忍終棄。

蘇東坡在黃州已經度過了五個春天。

東山的海棠花開了五次，他也醉了五次，每一次，他都會做一個終老黃州的夢，醒來時，都悲欣交集。

而自烏臺詩案後，神宗皇帝想起復蘇東坡的心思，又何止起伏了五次？

早在元豐三年九月，朝廷商定改定官制，從五代官制改成唐代官制，皇帝就曾擬出一份名單：御史中丞司馬光，中書舍人翰林學士蘇軾……還有其他曾擁護舊法的部分官員，也都重新做了安置。

御前會議上，皇帝又進一步表明態度：「這些人，雖前此立朝議論不同，然各行其所學，皆是忠於朝廷的人，怎麼可以永遠廢棄呢？再者，如今實施新制，自當新舊人兩用。」

「領德音。」宰相王珪畢恭畢敬地接過名單，面上不動聲色，心裡卻驚惶不已。

退朝後，他馬上召集黨人商量，要如何牽制皇帝，不讓司馬光與蘇東坡進京。有人想到了一條誤國的奸計，那就是設法挑起一場邊疆的戰亂，以轉移皇帝的注意力。他們知道，西夏的長年擾亂一直是皇帝的心病，當時正逢西夏內亂，便授意慶州知州上了一道「平西夏策」，盡力誇大對方內亂，鼓動皇帝發動討伐。

果然，神宗心動了。

起復司馬光一事，也自然被擱置了下來，皇帝心知肚明，保守持重的司馬光絕對不會支持他發動戰爭。

然而，元豐四年，神宗發兵二十萬分五路進攻西夏，卻遭西夏反攻，決黃河水淹營地，致宋軍大敗，傷亡無數，生還者不足十分之一……

自此，神宗的平西大夢，強國之志，皆付東流。

梁啟超曾分析過大宋不強的原因，「始焉起於太祖之猜忌，中焉成於真仁之濡逕，終焉斷送於朋黨之擠排。」

誠如此言，如果皇帝身邊，有一群人將個人利益凌駕於家國興亡之上，那麼也就離沒頂之災不遠了。君不見，這一年到山河破碎，靖康之恥，只有短短數十年。

元豐五年，皇帝又多次想召蘇東坡回京，但都會被王珪一黨以各種各樣的理由和手段阻撓。

元豐六年的一天，皇帝正在讀蘇東坡的詩詞，便問身邊的幾個臣子，蘇東坡可以與哪位古人相比。

有人提到了李白。

但皇帝覺得並不貼切，他認為李白雖有蘇東坡的才華，卻沒有蘇東坡那種淵博的學識，或者說，沒有蘇東坡那種匡扶社稷的能力，其愛惜之心，溢於言表。

所以，元豐七年的春天，皇帝特意繞過了王珪，直接以手詔的方式，派親信前往黃州，將蘇東坡調至離汴京不遠的汝州，以備日後啟用。

皇帝的手詔到達的時候，蘇東坡正在他的雪堂邊給新種的橘樹施肥。

他終究是入世的，骨子裡從不失可愛又可貴的煙火氣。就像前幾日，在定惠院賞花的路上，他會順手買個木盆回家，想著可以用來盛水澆瓜。途中拜訪鄰居的時候，會跟人討幾株橘子樹，想著可以栽種在雪堂的西邊。

看到詔書的那一刻，他不禁老淚潸然。

他非常明白，這一紙詔書意味著什麼。對於黃州，他有萬千不捨，在這裡，他好不容易把自己變成了陶淵明，如今，極有可能，他又要成為再起東山的謝安。

最終，他還是接受了聖意的眷顧。

只是在寫給朋友的信中，他略微提及了自己內心尚未消融的兩難：「君恩至厚，不可不奔赴……本意終老江湖，與公扁舟往來，而事與心違，何勝慨嘆……」

而當他照例向朝廷寄去謝表的時候，居然還有人說他對皇帝不敬。好在皇帝相信他，他的敵人們只能閉嘴。

可惜五年前，皇帝並沒有這樣的堅定。若不然，便不會有這一段黃州歲月，他的命運也將改寫。但他在文學上的成就，又會大打折扣。

塞翁失馬，焉知非福？

這一年的四月一日，蘇東坡離開了謫居將近五年的黃州。臨走的時候，地方官和農人們都來送他，他騎在馬上，回首東坡與雪堂，不由一陣感傷。

於是寫下一首〈滿庭芳〉與之依依惜別。

歸去來兮，吾歸何處？萬里家在岷峨。百年強半，來日苦無多。坐見黃州再閏，兒童盡楚語吳歌。山中友，雞豚社酒，相勸老東坡。

云何，當此去，人生底事，來往如梭。待閒看秋風，洛水清波。好在堂前細柳，應念我，莫剪柔柯。仍傳語，江南父老，時與曬漁蓑。

——〈滿庭芳〉

去汝州之前，蘇東坡先到筠州（今江西省高安市）看望蘇轍。是時正值春夏之交，一路上，泉清竹茂，快馬輕衫，他的心情好起來，夜宿寺廟的時候，他寫的詩句裡，更是蔓延著自由的溫軟：「芒鞋竹杖自輕軟，蒲薦松床亦香滑。夜深風露滿中庭，惟見孤螢自開闔。」

兄弟倆一起度過了這年的端午節。

不過蘇轍的日子過得非常清苦，公務又十分繁忙，不是在臨河的陋室裡辦公，就是奔波在基層。蘇東坡在那裡住了大約七八天的時間，幾乎每天都要等到夜晚，才能與蘇轍對酌暢談。

蘇東坡辭別蘇轍後，他的家眷也從黃州來到九江與他會合。蘇邁將到饒州（江西省上饒市）德興縣去做官，蘇東坡去送兒子，父子又同遊了石鐘山。臨行時，蘇東坡送給兒子一方硯臺，讓他時刻記得為官的責任，對於百姓，當心懷慈悲；對於學識，應求之若渴。

而在九江時，蘇東坡本想靜悄悄地去廬山尋幽，怎知一到山腳，便有人奔相走告：

「蘇東坡來了，蘇東坡來了！」

他只能摘下帽子，無奈一笑：「芒鞋青竹杖，自掛百錢遊。可怪深山裡，人人識故侯。」

廬山，傳說中陶淵明採菊東籬下的南山，對於這裡的草木山川，雲靄峰巒，蘇東坡都早已神交，心有戚戚，猶如故地重遊。

他在詩中寫道：「自昔懷清賞，神遊杳靄間。如今不是夢，真個在廬山。」

廬山，也是蘇東坡與李白「狹路相逢」的地方。

明月照大江，青山兩巍峨，從古至今，他們都是文壇上兩座無法翻越的高峰，被比較，在所難免。

詩人余光中曾說：「如果要旅行，我不想跟李白，因為他不負責任，沒有現實感；我也不想跟杜甫，因為他太苦哈哈，恐怕太嚴肅；而蘇東坡就很好，他很有趣，我們可以做很好的朋友。」

世間有人愛慕李白，有人喜歡東坡，但翻閱他們的詩詞文章，就像翻閱他們的命運，也就知道，李白是出塵的月光，是天之驕子，是仗劍天涯的俠客，可貴又可慕，詩意是「黃河之水天上來，奔流到海不復回」，是「疑似銀河落九天」。東坡是入世的煙火，是百姓之友，是布衣蔬食的雅士，可愛又可親，才情是「大江東去，浪淘盡，千古風流人物」，是「只緣身在此山中」。

李白一生曾五度遊歷廬山，與山間的松風白雲比鄰而居。「日照香爐生紫煙，遙看瀑布掛前川。飛流直下三千尺，疑是銀河落九天。」盛唐的詩人已經飛仙而去，但他妙手偶得的佳句，卻依舊停留在廬山的月光流水裡，被世人偶遇、重逢、傾慕、讚嘆。

彼時，李白尚是仗劍去國，辭親遠遊的少年，心懷救濟蒼生和安定黎民的志向。而二十多年前，蘇東坡也曾懷著同樣的心情初次出川。飛流如鏡，站在香爐峰的瀑布前，與謫仙的詩情並肩，蘇東坡卻看到了他們心底相通的豪情與孤獨。

橫看成嶺側成峰，遠近高低各不同。
不識廬山真面目，只緣身在此山中。

——〈題西林壁〉

離開廬山時，蘇東坡在西林寺的寺壁上寫下了這一首詩，後來被無數人當作人生哲理引用，且千年過去，尚無來者。

至於他的才華，他的襟抱，若李白有靈，從此在廬山，應不再寂寞。

# 第四章：笑談浮沉的逆旅行人

# 「元祐錦鯉」蘇東坡

蘇東坡上任的第一天，高太皇太后就派人給他送來了一套紫金官服、一條金腰帶和一匹佩戴金鍍銀鞍轡的白馬。這是他政治生涯中最榮耀的時刻。

蘇東坡是元豐八年（西元一〇八五年）十二月中旬抵達京師的。

此前一年多的時間裡，他都在江淮一帶漂泊，其間還經歷了喪子之痛。

元豐七年六月，蘇東坡到達金陵，王安石騎著一匹瘦驢在江邊等他，白髮蒼蒼，傲骨依舊。

多年不見，他們之間的身分與關係早已發生了微妙的變化。

曾經，他們是水火不容的政敵。但數年前，不理世事的王安石卻為獄中的蘇東坡仗義執言。如今，他們遠離了朝堂的紛爭，只是在紫金山下重逢的士子與隱者。

蘇東坡首先向王安石行了一個作揖禮，笑道：「真是不好意思，蘇軾今天竟以野服來見大丞相。」

王安石爽朗一笑：「禮儀豈是為我輩所設？」

無邊斜陽，萋萋渡口，兩個千古風流人物，一笑泯恩仇。

在金陵停留的時候，蘇東坡經常去半山園找王安石，或下棋，或探討詩詞與佛理，或一起訪山問水。

那是王安石晚年時最珍貴的一段日子，明明如月，豁然有光。

在此之前，旁人眼中的王安石，只是一個葛巾布衣，騎著毛驢在江邊喃喃自語的怪老頭，經常在家中一遍一遍寫「福建子」。沒有人知道他心底有多少無法化解的遺憾、苦楚與憤恨，變法的失敗，愛子的傷逝，門人的背棄……最終都忿忿不平地化作滿紙的「福建子」（呂惠卿是福建人）。

而在王安石眼中，蘇東坡才是那個與他有著對等靈魂的人。如果他在半山園青梅煮酒，想來也只有坐在他對面的蘇東坡，才有資格被他青眼相待，視為不世出之英才。

若不然，他便不會在與蘇東坡分開後，發出這般喟嘆：「不知更幾百年，方有如此人物！」

在蘇東坡寫給王安石的詩裡，同樣充滿了歲月如催，世事無常的悵惘。

騎驢渺渺入荒陂，想見先生未病時。
勸我試求三畝宅，從公已覺十年遲。

——〈次荊公韻四絕〉

王安石曾勸蘇東坡在金陵買田，與他做鄰居。可惜，終究是太晚了——王安石翌年便在金陵去世。

如此人物，亦不知更幾百年，方見來者。

但就在八月間，金陵成了蘇東坡的傷心地，他的小兒子蘇遁因病夭折了，對他造成了沉痛的打擊。

從他的詩中可以看出，小兒子遺傳了他的相貌和王朝雲的聰明與可愛——「幼子真吾兒，眉角生已似」、「歸來懷抱空，老淚如瀉水」，王朝雲更是傷心欲絕，看著孩子的故衣，日日以淚洗面，乳汁空流，恨不能與兒同去。

十月，蘇東坡來到常州。

他那些太湖地區的老友們都希望將他留下來做鄰居。他也願意住在江淮。十年前，他在杭州做通判時，就曾在宜興買下過兩畝薄田。除此之外，就是這一次的羈旅讓他失去了最疼愛的小兒子，他自己也到了知天命的年紀，可以說，他到了一生中最渴望安定的時期。

他向朝廷寄去了一份〈乞常州居住表〉，希望申請到常州的居住權。

京城一直沒有回音。

他只能帶著家人繼續北上。到泗州（今江蘇省泗縣）時，已是天寒地凍的十二月，一家人的貧病交加，在過年的氣氛裡，顯得越發淒涼。

於是他再次上表，向皇帝說明自己的困境。

> 但以祿廩[8]久空，衣食不繼。累重道遠，不免舟行。自離黃州，風濤驚恐，舉家重病，一子喪亡。今雖已至泗州，而貲用罄竭，去汝尚遠，難於陸行。無屋可居，無田可食，二十餘口，不知所歸，饑寒之憂，近在朝夕。
>
> ——〈乞常州居住表〉

8 祿廩：俸祿與糧食。廩：音同「凜」。

後來在朋友的接濟下，蘇家人總算是熬過了這個冬天。到了元豐八年三月，他們終於盼來了朝廷的詔令，同意蘇東坡在常州安置。

到常州後，他開始張羅定居的事情。他拜託京城的朋友幫忙，賣掉了他父親當年置下的宅院，正好用來在常州買房。

他看中了荊溪邊的一套房子，便花錢買了下來，打算過一段時間就搬進去。但有一天和朋友在溪邊散步的時候，他聽到一位老婦人在路邊傷心地哭泣。一問，才知道老婦人的兒子將自家祖傳的老宅賣掉用來抵債了，而蘇東坡正是買主。

蘇東坡當即告訴老婦人：「別哭了，妳的房子還在。」然後就撕掉了買房的合約，也沒有找老婦人的兒子退錢。

回到家裡，他呆住了，咦，怎麼出門一趟，錢沒有了，房子也沒有了呢？

他只好當父親從未買過京城的那套房子。現在，還不至於太差，房子可以租到，田也在他手裡，不怕填不飽肚子。

在詞中，他又開心地寫道：「買田陽羨吾將老，從來只為溪山好。來往一虛舟，聊從造物遊。」

但很快他就覺得有些過意不去了，感覺自己對不住皇帝的賞識與維護，說好的要報答知遇之恩呢？在新詞裡，他坦承了內心的矛盾。

歸去來兮，清溪無底，上有千仞嵯峨。畫樓東畔，天遠夕陽多。老去君恩未報，空回首，彈鋏悲歌。船頭轉，長風萬里，歸馬駐平坡。
無何，何處有？銀潢盡處，天女停梭。問何事人間，久戲風波。顧謂同來稚子，應爛汝，腰下長柯。青衫破，群仙笑我，千縷掛煙蓑。

——〈滿庭芳〉

他不知道，自他出黃州以來，皇帝就一直在生病，而批旨他入住常州之前，皇帝已經病入膏肓，這輩子再也無法與他相續君臣的緣分了。

是年三月初五，年僅三十八歲的神宗皇帝帶著滿腔未酬之志駕崩。

消息傳到江淮，蘇東坡不敢相信，為此傷心了好多天，還寫了幾篇詩文憑弔皇帝的英靈。

在寫給王鞏的信中，他說自己蒙先帝之恩尤深，沒齒難忘：「眾欲置之死，而先帝獨哀之，而今而後，誰出我於溝瀆者。已矣，歸耕沒齒而已。」

而在京師，十歲的太子繼位為哲宗後，朝廷已由神宗的母親，有著賢德美名與「女中堯舜」之稱的宣仁太皇太后高氏攝政。

三月十七日，高太皇太后急召司馬光入京，授其門下侍郎之位，並逐步起復舊臣，罷停新政。

高太皇太后從未忘記過蘇東坡。

蘇東坡不僅與她政見相同，還是她的公公仁宗親自挑選的「太平宰相」，是她的丈夫英宗一心想要重用的人，是她的兒子神宗想要努力去珍惜的人。

所以現在，她也要想方設法地將蘇東坡接到身邊來，授他以高位，讓他助司馬光一臂之力，為大宋開闢新的局面。

但提拔蘇東坡，也必須按照起復罪官的流程走，先恢復之前的官職才能進一步提升，以免落人口實。

不久，一道詔令到達常州，授蘇東坡山東登州太守之職。

而當十月蘇東坡抵任登州之後，朝廷再一次送來了詔書，讓他盡快回到京師，等待他的，將是禮部郎中的官位。同時，蘇轍也應召入京，很快從校書郎做到了起居郎。

翌年，朝廷改年號為「元祐」，旨在重現仁宗的「嘉祐之治」。彼時，「四海雍熙、八荒平靜，士農樂業、文武忠良」，正是上至君主，下至黎民念念不忘的太平盛世。

歷史上的「元祐之治」就這般拉開了序幕……

元祐元年（西元一〇八六年）九月，蘇東坡在朝中擔任的官職已上升到了三品翰林學士知制誥，負責掌管內制，給皇帝起草聖旨和國書，實質相當於內相，也就是皇帝的祕書。歷來得此位者，才學與德望缺一不可，如歐陽修、王安石、司馬光都曾由此走向相位（宋代沒有一品官）。

高太皇太后心思昭然，她是要把蘇東坡培養成司馬光的接班人。

蘇東坡上任的第一天，高太皇太后就派人給他送來了一套紫金官服、一條金腰帶和一匹佩戴金鍍銀鞍轡的白馬。

這是他政治生涯中最榮耀的時刻。

平時，蘇東坡在翰林院工作，裡面的書齋直通太皇太后的宮殿。每逢單日，為了確保一切的政治機密不外洩，他必須在深夜去拜見太皇太后，太皇太后也會備好美酒與瓜果等待他的到來，小皇帝則坐在祖母身旁，聆聽勤儉廉政，勵精圖治的為君之道。如此，領到任務後，蘇東坡再連夜回到書齋，起草雙日頒發的詔令。

當時皇帝年紀還小，所謂天子詔令，通常都是太皇太后口授，再經由蘇東坡的妙筆呈現出來。而太皇太后對蘇東坡的工作能力從來都是深信不疑，因為她選中的人總是能以最快的速度、最恰當的態度和最優雅的文辭完工，甚至超過她的預期。

第二年七月，蘇東坡又多了一項工作——他成了「帝王之師」，即入侍邇英閣的經筵官，為年少的哲宗講授經史與治國之術。

這門專為皇帝開設的課程在每月單日進行，一年兩期，由老師們輪流授課。上半年從二月到端午，下半年從中秋到冬至，中間是漫長的寒暑假。有時候，蘇轍也會來輪班。這樣的工作，是身為學者所能獲得的最高禮遇，蘇家兄弟都欣然接受了。

這個時候，皇帝的身邊還沒有小人的挑撥，蘇東坡像他的父輩一樣，皇帝很喜歡這位知識淵博又極富個性的老師。

蘇東坡講課會盡量做到有趣，而理學家程頤就會直接黑著臉告訴皇帝，這個世上的女人都是洪水猛獸。比如秦觀的詞句「天若有情，天也為人煩惱」就曾被程頤視作是侮辱上天尊嚴的蠢句子。

在課堂之外，蘇東坡的聲名也越來越盛。他的詩詞文章已經傳到了遼國，還被許多達官貴族掛在牆壁上。據當時出使遼國的使臣說，他一過邊境，就有人向他熱情地打聽蘇東坡的消息。而在汴京城裡，他隨意寫下的幾個字，都可以拿去換羊肉。只要是他去過的酒館，必定生意火爆，大家都爭先恐後地想要點蘇相公的同款菜單。就連他平時的穿戴風格，也被士大夫們競相模仿，比如他給自己設計的「子瞻帽」，就一度被奉為最新潮流，風靡汴京。「子瞻帽」其實是一頂經過改良的烏紗帽，帽筒長而帽簷短，也就是我們今天看到的畫像中，蘇東坡所戴的那種帽子。

據說有一天，蘇東坡陪皇帝去看戲，臺上正好在演一場文人爭執的戲——幾個人都說自家的文章最好。

這時，一個戴著「子瞻帽」的丑角出場了，他大聲喝道：「不必爭啦，我的文章你們都比不了！」

「為什麼？」其他人不服氣地問。

「你們看不到我頭上戴的『子瞻帽』嗎？」

丑角滑稽又自信的表情把皇帝逗樂了，他回過頭頑皮地拍了拍蘇東坡的帽子，兩人不由相視一笑。

諸如此類，人們都寧願執拗地相信，戴「子瞻帽」不僅是風尚，是與蘇東坡親近的一種途徑，更是滿腹學識的象徵和平步青雲的瑞兆，畢竟他重返京師後不到一年即位極人臣，獲盡榮寵。

就像時人所記載的「士大夫近年仿東坡筒高簷短帽，名曰子瞻樣」、「人人皆戴子瞻帽，君實新來轉一官」，可見當時的蘇東坡，足以稱得上是大宋第一紅人，或者說，名副其實的「元祐錦鯉」。

## 西園雅集．鮮花著錦的京圈生活

蘇東坡的俏皮和智慧，也像熱氣騰騰的水霧一樣，消融在大宋的市井深處，將鴻儒與白丁之間的隔膜化為無形，大家同坐一室，感同身受，獲得了同等品質的溫暖與歡樂。

在時間的長河中，翻閱文人雅士的聚會史，其中能被稱之為「千年勝會」的，除了東晉的蘭亭雅集，大約只有北宋的西園雅集了。

西園是駙馬都尉王詵的府邸。打開北宋畫家李公麟的〈西園雅集圖〉，千年之後，園中賓客亦音容宛在：蘇東坡、蘇轍、黃庭堅、晁補之、張耒、秦觀、米芾、李公麟、王詵、僧人圓通、道士陳碧虛……

米芾是書法家，也是雅集的親歷者，他寫有〈西園雅集圖記〉：

「……水石潺湲，風竹相吞，爐煙方裊，草木自馨，人間清曠之樂，不過於此。嗟呼！洶湧於名利之域而不知退者，豈易得此耶！自東坡而下，凡十有六人，以文章議論，博學辨識，英辭妙墨，好古多聞，雄豪絕俗之資，高僧羽流之傑，卓然高致，名動四夷，後之覽者，不獨圖畫之可觀，亦足彷彿其人耳！」

時為元祐元年（西元一〇八六年），盛夏。

蘇東坡身為文壇的領袖，自然也是這次雅集的核心人物。是時，蘇家兄弟和許多遭到貶黜的保守派黨人都回到了京城，大家聚集在一起，於名利的漩渦之外，用文化與性情的柴薪，圍坐在時代的篝火邊，開始了他們琴棋書畫詩酒茶的京圈新生活。

對了，在那一次的西園雅集中，蘇東坡戴的就是子瞻帽，米芾記錄過一筆：

「李伯時（公麟）效唐小李將軍為著色泉石，雲物草木花竹皆妙絕動人，而人物秀髮，各肖其形，自有林下風味，無一點塵埃之氣，不為凡筆也。其著烏帽黃道服捉筆而書者，為東坡先生……」

只是，米芾沒有交代蘇東坡在寫什麼，畫上也沒有表示出來。不過依舊可以確定的是，在元祐時期，蘇東坡的書畫藝術已達爐火純青的地步。

如米芾所說，他們京圈的文人雅士們都不屑名利，但顯然，高官厚祿和安定的環境至少可以給他們帶來最好的筆墨紙硯，以及千金不換的氛圍。

蘇東坡平時公務繁忙，自稱「職事如麻」，工作日經常要忙到半夜才能休息。

所以，能與朋友聚會，完全是偷得浮生半日閒。那麼「偷」來的閒情逸致，也自然格外珍貴。他的身邊不僅圍繞著李公麟、米芾、黃庭堅、王詵這樣的書畫大家，更有他最愛的蘇轍。

他們在一起時，很少談論政事，只舒舒服服地做純粹的文人。

有時他們去城裡洗澡，在氤氳的熱氣中，朋友們就會大唱東坡寫過的一首詞來戲謔搓澡的小哥。

水垢何曾相受，細看兩俱無有。寄語揩背人，盡日勞君揮肘。輕手，輕手，居士本來無垢。

——〈如夢令〉

這首詞裡，蘇東坡的詼諧和智慧，也像熱氣騰騰的水霧一樣，消融在大宋的市井深處，將鴻儒與白丁之間的隔膜化為無形，大家同坐一室，感同身受，獲得了同等品質的溫暖與歡樂。

有時朋友們也會到蘇東坡的宅子裡喝酒，然後合力完成一幅作品。

李公麟，蘇東坡評價他的畫是「其神與萬物交，智與百工通」，人物、釋道、鞍馬、山水、花鳥……但凡涉獵，無所不精，被時人推為「宋畫第一人」、「白描天下絕藝」。

米芾，曾數次造訪黃州雪堂找蘇東坡喝酒。他是一介狂生，能書善畫，與石頭結拜兄弟，又被人稱為「米癲」。他將所有的痴狂與熱情傾注於筆端，習得一手「米書」，俊逸超神，至今獨步天下。

黃庭堅，與蘇東坡、米芾、蔡襄並稱「宋四家」的詩人兼書法家，他的行草出神入化，筆意如秋月澄江，古雅清透，又如俠客刀戟，變幻莫測。

蘇東坡曾打趣過黃庭堅：「你的字雖清勁，但筆勢有時太瘦，就像樹梢掛蛇。」怎料黃庭堅嘿嘿一笑：「您的字固不敢輕論，然間覺褊淺，更像石壓蛤蟆。」說完，兩人相視大笑，果然知己，果然貼切，彷彿對方就是一面用來自嘲的鏡子。雖然他們的字，大約就是降龍十八掌和六脈神劍的區別，一個氣骨醇厚，筆意沛然，一個孤峰清逸，運筆如劍。

至於蘇東坡，書法、繪畫、詩詞、題跋，他什麼都喜歡來一點。

很多人不知道，他表面上看起來玩世不恭，其實背地裡卻勤奮得可怕。他寫文章從不查典故，因為他把看過的書都背了下來。後來在科舉考場做主考官的時候，白天他遊手好閒地穿梭在同事們的房間，到處找人閒聊，到了晚上，他就瘋狂地批閱試卷。

相比李白的天生我材必有用，他應該是那種活生生將自己修煉成全才的人。

或許只有老天爺知道，他在暗地裡下了多少功夫。

據黃庭堅的文章所記，蘇東坡酒癮很大，酒量很遜，通常四五杯下喉就爛醉如泥。醉後，便席地而臥，鼾聲如雷，但一會兒醒來，便可以落筆如風雨，寫出最好的書法，畫出最好的士人畫。

如果這時候黃庭堅願意為我們拉近鏡頭，我們將看到，他的桌子上擺著宣州的諸葛筆、李廷珪所製的小挺墨、澄心堂的紙，還有傳世數百年的唐代名硯。

是的，「士人畫」是由蘇東坡首次提出的，他認為繪畫應該跳出單一的「形似」的窠臼，重視寫意與內涵：

「觀士人畫，如閱天下馬，取其意氣所到。乃若畫工，往往只取鞭策皮毛，槽櫪芻秣，無一點俊發，看數尺許便倦。」

「余嘗論畫，以為人禽、宮室、器用皆有常形，至於山石竹木，水波煙雲，雖無常形而有常理。常形之失，人皆知之。常理之不當，雖曉畫者有不知。故凡可以欺世而取名者，必托於無常形者也。雖然，常形之失，止於所失，而不能病其全，若常理之不當，則舉廢之矣。以其形之無常，是以其理不可不謹也。世之工人，或能曲盡其形，而至於其理，非高人逸才不能辨。」

他畫竹，講究「瘦竹如幽人，幽花如處女」，而他就是幽人中的幽人，逸才中的逸才，以竹為知己，為伴侶，為精神寫照。他畫石，則是與枯木同生，盤根鬱結，獨立風霜，一如他的傲骨，他的怪脾氣，他胸中的丘壑與塊壘。

所以他又說「詩畫本一律」、「詩不能盡，溢而為書，變而為畫」。

在他的世界裡，一切的藝術形式都是精神的投影和情感的共鳴，可貴的是，他並沒有被自己的精神和情感約束，也沒有被政治的風浪磨去才氣的鋒芒。

在他的世界裡，每一種藝術、每一種感官都是相通的，就像一個人的思想和性情忠於作品的核心，而我們在沉吟一首詩詞，感嘆一幅書法，欣賞一卷繪畫的時候，還能從中感受到溫度、氣韻、顏色以及音律，似有風從宋的黃昏而來，拂過臉頰和耳廓。

此外，南宋王明清所著《揮麈錄》中記載了一件事，或可側面說明蘇東坡的畫技。

多年後，蘇東坡過世了，他的兒子蘇過路過汴京，寄居於景德寺。宋徽宗得知後，立即派人把蘇過請到宮中，令其為他畫一幅畫。

蘇過接過畫筆，站在一面宮牆前，很快就畫出了一幅石樹圖，清曠磊落的筆意，一如蘇東坡的風采。

尤其是那筆觸中的浩然之氣，宋徽宗坐在炎炎夏日下，也不由得打了個寒顫。

而不久後，一場靖康之變，汴京的所有宮牆都成了金兵鐵蹄下的斷壁殘垣。

《東京夢華錄》曾在開篇中如此描述北宋的汴京，烈火烹油，鮮花著錦，可見一斑：「燈宵月夕，雪際花時，乞巧登高，教池遊苑。舉目則青樓畫閣，繡戶珠簾。雕車競駐於天街，寶馬爭馳於御路，金翠耀目，羅綺飄香。新聲巧笑於柳陌花衢，按管調弦於茶坊酒肆。八荒爭湊，萬國咸通，集四海之珍奇，皆歸市易，會寰區之異味，悉在庖廚。花光滿路，何限春遊，簫鼓喧空，幾家夜宴？」

如此，輕輕掀開汴京城的一角，再來看〈西園雅集圖〉，整個畫面就像歷史長卷中夾雜的一首波瀾溫柔的敘事詩，又像大宋王朝剪影中的一點夢幻的墨痕。

駙馬園子裡竹影小橋，芭蕉流水，松風簌簌，凌霄正豔，汴京城的餘暉鋪在露天的茶席上，茗煙在雅士們的衣襟間瀠洄不已，蜿蜒如迷，卻不知，賞心樂事奈何大廈將傾，良辰美景抵不過似水流年……

# 一肚皮不合時宜

蘇東坡還是管不住自己的嘴巴，常把昏庸無能的人比作酒囊飯袋，將趨炎附勢的人比作蛆蠅，將諂媚的小人視為「吮疽舐痔之輩」。所謂「不言意不快，快意言多忤」，他總是健忘，也總是因口舌之快而引火焚身。

據宋人筆記《梁溪漫志》所記，有天蘇東坡退朝後，吃完飯在院子裡摸著肚子走來走去，遂問身邊的侍女們：「妳們且說說看，這裡面是什麼東西？」

一個侍女馬上說：「都是文章！」

蘇東坡搖搖頭，覺得並不滿意。

另一個侍女則說：「滿腹都是學識，都是高見！」

蘇東坡也不以為然。

這時王朝雲走到院子裡，對夫君俏皮地說道：「學士是一肚皮不合時宜。」

蘇東坡不禁捧腹大笑。

王朝雲不愧是玲瓏心似錦的解語花，也難怪蘇東坡對她愛憐不盡，並在多年後為她寫下相思如山海的情書：

不合時宜，唯有朝雲能識我。

獨彈古調，每逢暮雨倍思卿。

對於蘇東坡來說，這飯後一問不過是閒時的自我消遣，但對於王朝雲來說，夫君所有的心事都逃不過她的眼睛。

的確，蘇東坡有情且有趣，與這樣的人在一起，無論身處怎樣的環境，都不會覺得苦寒和寂寞。

曾經在黃州，他們生活貧苦，日子卻過得清歡有味。可貴的是，如今面對汴京的繁華和榮寵，蘇東坡同樣沒有冷落過妻兒。

單從這一點看，蘇東坡的夫人就比京城許多官員的妻子要幸運得多。

比如司馬光，他生性簡樸，從不納妾，但妻子若想約他出門，也是難於登天。

據說有一天，司馬夫人想和他一起去逛燈會，他表示很不能理解：「咱們家裡不是有燈嗎？」

司馬夫人只能退一步說：「那我想出去看看人。」

他便驚訝地問：「咦，難道為夫是鬼不成？」

可惜司馬相公滿腹經綸，偏是不懂風情為何物。

比如王詵，公主對他情深義重，他卻在公主的病榻邊與婢女廝混，最後將公主活活氣死。王詵這樣的風流，又未免太過無情和下流。

而蘇東坡呢，他平時工作也很繁重，但每逢假期，他都會盡量抽空出來陪伴家人，享受天倫之樂。他會陪妻妾們逛街，會去大相國寺的市集為她們買首飾和胭脂，會跟她們在月光下促席談心。他對兒子的成長也非常關心，甚至還會操勞姪女們的人生大事——蘇轍家的女兒們，成年後的婚嫁大多都是蘇東坡在安排。

蘇東坡現在的官階為三品大員，薪水與從前相比自是雲泥之別，但他從不似有些官員那般鋪張浪費，紙醉金迷。想來能吃苦的人，通常也不會在富貴中迷失。

當時蘇東坡有一個朋友，每天家裡要買十隻羊、十隻豬，做無數的糕點，點三百支蠟燭，把僕人們忙得團團轉。

有一次他寫信給蘇東坡，說他最近發明的洗浴之法對身體很好，那就是先小洗面，大洗面，再小洗腳，大洗腳，最後小沐浴，大沐浴……

蘇東坡只好回信給他：「我知道你自我感覺良好，然而我還是要勸你，要懂得節約與仁慈。」

這樣的回信，不知道他們之間的友誼有沒有翻船，但可以確定的是，朝堂上彈劾蘇東坡的奏章，已經堆成了一座小山。

一切還要從司馬光的葬禮說起。

元祐元年（西元一〇八六年）九月初一，司馬光病逝。他一生歷仕四朝，主持編纂《資治通鑒》，政績卓著又低調淡泊，皇帝特賜碑名「忠清粹德」，舉國上下則聞之慟哭。

而司馬光去世這一天，正好也是皇室在南郊開啟祭祀典禮的日子。皇帝要在文武百官的陪同下前去。九月初六，神宗的靈位被請入太廟，典禮正式結束，群臣們才匆匆趕往宰相府去參加司馬光的葬禮。

這時，卻遭到了程頤的阻攔。

程頤，洛陽伊川人，人稱伊川先生，也就是歷史典故「程門立雪」中的那位老師。

他是宋代理學的奠基者，一生潛心孔孟之道，視娛樂為罪惡，並主張「存天理，滅人欲」，其人博學好古，恪守節操，處世卻難免迂腐古板，不近人情。

程頤做經筵講官時，皇帝其實很不喜歡他的教學方式，若是隨手折下一根柳枝，或將螞蟻裝入甕中，也要被他板著臉教訓半天。有次皇帝生病請假，程頤就指責高太皇太后：「既然皇帝未能上殿，太皇太后您怎能單獨聽政呢？」讓高太皇太后對他很反感。

而現在，他認為大家剛剛參加完皇家典禮，才經歷過鐘鼓之樂，實在不宜再去弔唁，因為有悖孔夫子定下的古禮。

有人問程頤，孔夫子定下的古禮是什麼，自己為何從未聽過。

程頤一臉嚴肅地說：「你難道沒有讀過《論語》嗎？『子於是日哭，則不歌。』」

蘇東坡站出來，哂笑道：「對，孔子是說當日哭過就不歌，但孔子可沒有說過，當日歌過就不能哭。」

其他人也都發出了笑聲。

程頤氣惱極了，正欲大聲爭辯，卻見百官們都跟隨蘇東坡進入了宰相府，繼而朝著司馬光的靈柩哭拜。

程頤是這場葬禮的負責人，接下來，他又要依照古法，令人將司馬光的屍體裹上錦緞下葬。

蘇東坡看不慣，便譏諷道：「那還要在錦緞上寫一句：請閻王收。」

程頤滿臉不悅。但他還要阻止司馬光的兒子出來見客。他認為，如果做兒子的在父親死後沒有悲傷到不能見客的程度，那麼顯然是對禮法不尊，對亡父不敬。

蘇東坡再也無法忍受，便高聲質問道：「這難道又是『鏖糟陂裡叔孫通』制定的禮法嗎？」

叔孫通，即制定漢朝宮廷禮儀的人，鏖糟陂裡，則是汴京西南的一塊沼澤地。鏖糟陂裡叔孫通，意思就是諷刺程頤是一個胡亂制定禮儀的邋遢的蹩腳的冒牌叔孫通。

蘇東坡這句話，可謂直擊要害，卻也徹底把程頤得罪了。

程頤怒火中燒，當場拂袖而去，程頤的弟子們更是聲稱要與蘇東坡誓不兩立。

這件事，也成了洛蜀黨爭的導火線，從而背離了最初的政見之爭，迅速發酵成了兩派門人挾私報復的朋黨之爭，且愈演愈烈，一發不可收拾。

然而蘇東坡還是管不住自己的嘴巴，常把昏庸無能的人比作酒囊飯袋，將趨炎附勢的人比作蛆蠅，將諂媚的小人視為「吮疽舐痔之輩」。所謂「不言意不快，快意言多忤」，他總是健忘，也總是因口舌之快而引火焚身。

所以，以蘇東坡剛烈的個性，遑論程頤，就連他敬重的司馬光，他也曾為了直抒己見，與之針鋒相對。

元祐元年七月，司馬光提議廢黜新法「免役法」，恢復舊法「差役法」。蘇東坡卻認為，新法不可不廢，也不可盡廢，最好能站在百姓的角度取其精華，棄其糟粕，但司馬光一丁點兒都聽不進去。

第二天，蘇東坡又與司馬光發生了政論之爭，司馬光氣不過，就私下質問蘇東坡：「你可是深受新黨迫害的人啊，為什麼倒為他們說起話來了？」

蘇東坡說：「我不是為他們說話，我是為百姓說話。」

蘇東坡敏銳地感覺到，他現在的處境以及國家的處境，和王安石當政時竟非常相似。曾經，王安石一意孤行地實施新法，剛愎自用，現在，司馬光將王安石的新法全盤否定，不也是執迷不悟，故步自封嗎？

不過，與王安石當政時期不同的是，現在的蘇東坡已經有了多年地方父母官的經驗，不再是停留在當初的紙上談政，他心裡知道，不論是新政，還是老政，能利國利民的才是仁政。

那麼，當時他敢和王安石對抗，現在，他也敢和司馬光叫板。

據說蘇東坡剛復官不久，一天退朝回家，人還沒到房中，就已將官袍脫下甩在榻上，氣憤地大聲喊道：「司馬牛！司馬牛！」

想來，蘇學士也是被強脾氣的司馬相公氣得火冒三丈。一次在朝堂上，面對司馬光的固執己見，蘇東坡又說：「相公此論，真是跟『鱉廝踢』一樣！」

司馬光不知道「鱉廝踢」是什麼意思，就問：「鱉怎麼能廝踢呢？（是啊，鱉的腿那麼短……）」

蘇東坡說：「所以說嘛，無用的話就是『鱉廝踢』。」

這不禁讓人想到，多年前蘇東坡也曾調謔過王安石的「波乃水之皮」。

但說到底，蘇東坡與司馬光的爭論不過是政論，就像當初他與王安石的關係一樣，並不影響他們的私交。

在司馬光眼裡，蘇東坡依舊「文學富贍，曉達時務，勁直敢言」，而在司馬光逝世後，蘇東坡也悲痛難當，稱其是千載難逢的偉人，「好學如饑渴之嗜飲食，於財利紛華如惡惡臭。誠心自然，天下信之。」

只是，在司馬光過世後，朝廷政局也漸漸裂變成了以地域區分的洛黨、蜀黨和朔黨，之前的保守派和變法派都沒有蘇東坡的容身之處了。

還真是一肚皮不合時宜啊。

而這份不合時宜，其實是揀盡寒枝不肯棲，也是道不同，不相為謀。

因為一切的政見都來源於思想，物以類聚，人以群分，又都是由一個人的氣骨、眼界與性情來決定。

這些，都是比才華珍貴百倍的東西。

「欲息波瀾須引去，吾儕豈獨坐多言。」蘇東坡也知道，一入仕途深似海，即便沒有爭權奪利之心，也難免深陷其中，身不由己，如果想要抽身而退，就只能退出官場，才能真正置身於黨爭風波之外。

元祐二年（西元一〇八七年）春，他在汴京城寫下兩首〈如夢令〉，懷念黃州的躬耕歲月、桃李春風，滿紙間，都是思退之意。

為向東坡傳語，人在玉堂深處。別後有誰來，雪壓小橋無路。

歸去，歸去，江上一犁春雨。

——〈如夢令・有寄〉

手種堂前桃李，無限綠陰青子。簾外百舌兒，驚起五更春睡。
居士，居士，莫忘小橋流水。

——〈如夢令・春思〉

不久後的一天，蘇東坡再次受到小人的攻擊——有人羅織語言，巧加醞釀，誹謗他對先帝不敬。他也實在是厭倦了，便接連寫了幾封辭職信給高太皇太后：

右臣准閤門告報，已降告命，除臣翰林學士知制誥者。臣竊謂自從西掖，直還內制，雖祖宗故事，而近歲以來，少有此比，非高材重德雅望，不在此選。臣自量三者皆不迨人，驟當殊擢，實不自安。伏望聖慈察臣至誠，非苟辭避，追還異恩，以厭公論。謹錄奏聞。

是夜，高太皇太后特意召見了蘇東坡：「近來你總是辭職，可否將原因從實道來？」

蘇東坡說：「臣的身體不好，恐怕要辜負您的美意了。」

高太皇太后不置可否，又問他：「內翰，前年你任的是什麼官職？」

蘇東坡如實回答：「汝州團練副史。」

「那麼如今你任的是什麼官職？」

「備員翰林，充學士。」

「你知道自己升遷的原因嗎？」

「是太皇太后您的恩典。」

「跟老身沒有關係。」

「那便是陛下的賞識。」

「跟陛下沒有關係。」

「那是哪位大臣的推薦嗎？」蘇東坡想到了故去的司馬光。

「跟大臣也沒有關係。」

「望太皇太后明察，臣雖不肖，但也不會走歪路，尋思苟進之事。」蘇東坡沉默半晌，慎重地回答。

「老身應該早一點告訴你的，」高太皇太后嘆息一聲，緩緩說道：「這一切都是先帝的遺願。先帝如果在用膳時忘記了夾菜，那麼一定是在讀你的文章。這在宮中不是祕密。有時他還會拍案稱讚，說你是曠世奇才。然而不幸的是，他還沒來得及重用你，就仙逝了……」

高太皇太后說完，便看到了蘇東坡滿眼的淚水。

隨後，高太皇太后給蘇東坡賜坐賜茶：「內翰，老身還是希望你能盡心輔佐陛下，就當報答先帝的知遇之恩。」

蘇東坡含淚告退。

高太皇太后又賜給他一座御前的金蓮花燭臺，表示對他的看重。

高太皇太后明白，蘇東坡雖是一肚皮不合時宜，他的秉性卻是重情重義，那麼得益於此的人，也必將受制於此。

## 又見杭州：人生如逆旅，我亦是行人

夜間，他有時也會去參加西湖邊的高樓盛筵，微醺時就憑欄簪花而歌。歌姬們常舉起香帕向蘇相公乞詩，他從不吝嗇，然也僅此而已。他志不在此，明白情只會累己負人，且清風朗月在懷，美人不過是點綴，風情雖好，留白卻更有韻味。

自元祐二年春天，蘇東坡接下御賜的金蓮花燭臺後，一如高太皇太后所願，他又在京師勤勤懇懇地工作了兩年。

一直到元祐四年（西元一〇八九年），蘇東坡才再次向高太皇太后上表，請求辭去京城的高位，外調地方州郡，哪怕是將他調往任何一個重難邊郡，他也會永存報國之心，死而後已。

只要不在京師。

因為，他實在無法忍受無中生有又源源不絕的攻擊與排擠，所謂「聚蚊成雷，積羽沉舟，寡不勝眾」，不僅如此，這場朋黨之間的爭鬥還波及了他的朋友與學生。況且，烏臺詩案尚歷歷在心，前車之鑑，痛徹心扉。

若守其初心，始終不變，則羣小側目，必無安理。雖蒙二聖深知，亦恐終不勝眾。所以反復計慮，莫若求去。非不懷戀天地父母之恩，而衰老之餘，恥復與群小計較短長曲直，為世間高人長者所笑。

——〈杭州召還乞郡狀〉

他顯然去意已決。想他光明磊落立於天地之間，如今年過半百，卻要在朝堂上，花費寶貴光陰與小人爭辯，以及應對無名的暗箭。這一切都令他深以為恥。

唉，怕了怕了。

三月十一日，蘇東坡的辭職報告終於被批准，他將以龍圖閣學士的身份出任杭州太守，同時管轄浙西六州郡的兵馬。

離開京師時，太后還送給他一大包禮物。

到處相逢是偶然，夢中相對各華顛。
還來一醉西湖雨，不見跳珠十五年。

——〈與莫同年雨中飲湖上〉

不久後，蘇東坡又見到了西湖的煙雨。

湖山之間，所至如歸，對於蘇東坡的到來，杭州百姓無不歡呼。這時，距離他上一次告別杭州，已經過去了十五年的時間。

美景如酒，生涯若夢，儘管歲月的風霜染白了他的鬢髮，儘管相對故人，心境已非昨，但他想要造福一方百姓的初衷，卻從未發生過任何改變。

和從前一樣，這一次他臨行的時候，也有不少朝中的朋友勸他在外面不要亂寫詩。

當然，他也會和從前一樣，管不住自己的手和嘴巴。

但這一次，至少剛到杭州的那段時間，他的確很少寫詩，半年僅三首，或許也是因為，他的工作真的是太忙了。

首先是囤積糧食，平抑米價。

這一年，杭州風雨不順，土地先是遭水，後又遭旱，百姓收成甚微，城中米價暴漲。蘇東坡抵任的時候，每斗米已經賣到了六十錢，到了秋冬，更是漲到了九十五錢。

經驗告訴他，如果不及時囤糧，那麼到了來年開春，很可能又會遭遇熙寧八年那樣慘痛的災難。那一年，因為地方官沒有及時預防，待災荒真正來襲時，朝廷的補救早已是遠水解不了近渴。最後，餓殍滿地，疫病蔓延，僅杭州一地就死了五十萬人。

所以蘇東坡很明白，預防比彌補要重要得多。

他火速上表給朝廷，一道一道力排眾難，請求緩交上供的糧食，並申請撥款賑災，同時到處爭取餘糧，又令人前往外地收購，甚至將準備修建官舍的錢也投了進去。

是年七月到八月，浙西一帶暴雨連綿，西湖洪水氾濫，蘇東坡徹夜難眠。這時，賑災的糧食和款項都已經撥下來了，可到達杭州卻還要經過重重阻撓，還要不斷疏通關係。很多次，百姓看到蘇東坡在湖邊徘徊，對著遠方悵然而嘆：「嗚呼，誰能稍助我者乎？」

那個時候的他，葛巾布衣，芒鞋竹杖，頭上綁著最廉價的麻繩，心事卻重如萬山。

到了元祐五年（西元一〇九〇年）春，天災果然來了，但有蘇東坡未雨綢繆，百姓的損失已然降至了最低，而且在這一次災難中，浙西幾乎沒有餓死的人。

然而，通常災荒之年都會伴隨疫病。這一次也不例外。春夏相交的時候，很多人染上了腹痛腹瀉、發熱惡寒的瘟病，好在蘇東坡找到了解救的辦法，那就是曾經在黃州謫居時，他通過軟磨硬泡從老鄉巢谷那裡得來的一劑妙方，由草豆蔻、石菖蒲、獨活、麻黃、芍藥、柴胡、半夏、茯苓、甘草、白朮、厚朴、防風、藿香、細辛、附子等二十味中藥構成，名曰「聖散子」，正好可以用來濟世救民。

那麼「聖散子」有多靈呢，蘇東坡稱它是居家旅行必備的寶貝。如果用來治病，「連飲數劑，即汗出氣通，飲食稍進，神宇完復。」如果沒有疾病，「能空腹一服，則飲食倍常，百疾不生。」

只是巢谷昔日傳方時，曾讓蘇東坡指江水為誓，不可外傳他人。

但現在，蘇東坡可管不了那麼多了，為了千萬百姓的性命，他心甘情願做一個違背誓言的人，再說了，他做這種選擇，老天爺和巢谷都應該理解他的。

於是他心安理得地把方子公之於世，號令民眾在各個街口架起大鍋，專門用來熬製湯藥，無論是城中的男女老幼，還是過往的商客旅人，都可以排隊領藥。

當治病的工作告一段落後，蘇東坡又開始為窮人們考慮長久之計。

他從公款裡撥出了一筆錢，再加上自己的積蓄，很快地便建立了第一家公立醫院

——安樂坊。

所有利民的事情都在雷厲風行地進行著。

光陰飛逝，時不我與，因為蘇東坡並不知道自己能在杭州待多久，蘇轍告訴他，京師的政局一直在變化，而高太皇太后也一直想召他回京。

所以，一到杭州，他就成了與時間賽跑的人，對於這一方水土，他還有太多的事情要做。比如疏浚河道，比如治理西湖，比如解決百姓的飲水問題……

當時有兩條運河穿城而過接通錢塘灣，但每隔幾年，河床就會被泥沙堵塞，不僅影響交通，還容易加劇旱澇。

疏浚河道於元祐四年十月開始。蘇東坡調集軍隊，僅用了半年時間就完成了工程。而且，他還令人在靠近錢塘灣的地方給運河加了一道閘門，漲潮時即可關閉，阻擋潮水挾帶的泥沙。

第二年四月，完工的河道煥然一新，居民出行再不必與泥沙為伍，來往的船舶也都可以暢通無阻了。

如此，四月底，蘇東坡又馬不停蹄地實施治理西湖的計畫，同時疏浚六井，解決飲水問題。

這一次，杭州六井不僅淤塞嚴重，就連輸水管道也腐壞了。

蘇東坡虛心請教一位高僧，將所有的竹管換成陶管，外面再加一層石槽連接西湖，可保百世甘泉奔湧。

十五年前，西湖的碧波曾撫慰了蘇東坡的鄉思，而現在，如果放任不管，嚴重淤塞，滿是水草葑田的西湖怕是活不過二十年。

西湖有多重要呢，從遊賞的角度來看，西湖就像是杭州的眉毛；從民生的角度來看，西湖無異於杭州的心臟，上自運河，下及民田，飲食所資，皆源於此。

治理迫在眉睫。

蘇東坡是整個工程的策畫兼總指揮，他把辦公室搬到了石佛院的十三樓，隔天就到湖上監察，奔走於泥淖之間，與民工同吃同住。

至於湖中的淤泥和水草，他從白沙堤獲得了靈感，正好可以用來建築一道長堤，接通南屏與北山，堤上則栽種花柳，建造亭臺、拱橋，既可以縮短繞湖的路程，又可以供百姓玩賞駐足。

他離開杭州後，人們便將此堤命名為蘇堤，以表懷念和感激。

最後，他採納了一位官員的建議，將湖邊的淺水區出租給百姓種植菱角，一來可以抑制水草雜生，二來還能幫百姓解決生計。又在湖水中立三座石塔為界，也就是今天的三潭印月。

古岸開青葑，新渠走碧流。會看光滿萬家樓。
記取他年扶路、入西州。
佳節連梅雨，餘生寄葉舟。只將菱角與雞頭。
更有月明千頃、一時留。

——〈南歌子・湖景〉

山與歌眉斂，波同醉眼流。遊人都上十三樓。
不羨竹西歌吹、古揚州。
菰黍連昌歜，瓊彝倒玉舟。誰家水調唱歌頭。
聲繞碧山飛去、晚雲留。

——〈南歌子・遊賞〉

是年端午那一天，蘇東坡在石佛院的十三樓寫下了這兩首小詞。

看得出來，他當時心情大好，腦海裡已經模擬出了西湖的新貌，山如眉峰，水如眼波，玉舟畫舫載明月而歸，樓臺亭閣，煙柳長堤，遊人仕女踏清歌而來。

蘇堤春曉、三潭印月這些利民工程也一直保留至今，不僅成了西湖的著名景點，更可以體現出蘇東坡非凡的智慧和美學思想。

可以說，沒有當初的蘇太守，就沒有今天的杭州西湖，就像沒有蘇東坡，整個大宋文壇都會黯淡失色。

西湖整治工程大約在這一年的秋天完成。蘇東坡終於得出閒暇，可以訪山問茶，臨湖賦詩了。

清晨，他穿過竹林和冉冉的綠霧，去山間找僧人朋友煎茶論禪，一直到日影飛去，才慢悠悠地回到城中。

夜間，他有時也會去參加西湖邊的高樓盛筵，微醺時就憑欄簪花而歌。歌姬們常舉起香帕向蘇相公乞詩，他從不吝嗇，然也僅此而已。他志不在此，明白情多只會累己負人，且清風朗月在懷，美人不過是點綴，風情雖好，留白卻更有韻味。

他還是那麼好客。

「高齋」，是他在杭州的官舍，這裡就像黃州的雪堂一樣，雖簡陋清寒，但談笑有鴻儒，往來無白丁，也自有一番馨香。

兩浙兵馬都監劉景文就是高齋的座上賓之一。劉景文有才有謀，為人慷慨，品格高潔，時年五十九歲的他，生命已步入深秋，抱負卻依然如少年。然而，因其父曾被西夏軍所俘，他一直不受朝廷重用。蘇東坡稱他為「無雙國士」，感佩他「胸中事業九門知」，也曾多次為他的前程上表舉薦。

這年深秋的一天，蘇東坡與劉景文同遊西湖，把酒言歡，是時，有枯荷可聽雨，殘菊可傲霜，良辰，好景，名士的情意，不老的壯志與風流，皆可入詩。

荷盡已無擎雨蓋，菊殘猶有傲霜枝。
一年好景君須記，正是橙黃橘綠時。

——〈贈劉景文〉

蘇東坡很快就要離開杭州了。

元祐六年的春天，他收到了高太皇太后讓他回京續職的詔令。

但他並不願意回京，再與鼠輩為伍。便寧願待在其他的州郡，遠離朝堂上的是非，真真切切地造福於民。

所以這一次，他將獨自啟程前往京城。

他沒有攜帶家眷，或許是因為，他知道自己不會在京城久留，那麼杭州，無疑是一個理想的退避之所。

有情風、萬里卷潮來，無情送潮歸。問錢塘江上，西興浦口，幾度斜暉？
不用思量今古，俯仰昔人非。誰似東坡老，白首忘機。
記取西湖西畔，正春山好處，空翠煙霏。算詩人相得，如我與君稀。
約他年、東還海道，願謝公、雅志莫相違。西州路，不應回首，為我沾衣。

——〈八聲甘州．寄參寥子〉

臨行前，百姓親朋，都來與蘇東坡依依惜別。他則寫了這樣一首小詞送給參寥。但願自己不負與子比鄰而居，忘情山水之間的雅志。

值得一提的是，被召回京的那一天，他簡陋的辦公桌上，還擺著開發江蘇運河系統的計畫書。

一別都門三改火，天涯踏盡紅塵。依然一笑作春溫。
無波真古井，有節是秋筠。
惆悵孤帆連夜發，送行淡月微雲。樽前不用翠眉顰。
人生如逆旅，我亦是行人。

——〈臨江仙．送錢穆父〉

而這時，錢勰（穆父）也正好從紹興去河北上任，路過杭州時，他來看望蘇東坡，兩人又是一番暢飲。

在寫給錢勰的餞別詞作中，蘇東坡稱讚對方有古井一般的淡泊智慧，秋竹一般的高尚節操。因為與蘇東坡一樣，錢穆父也是性情中人，早已看淡了仕途的跌宕坎坷。

人生如逆旅，我亦是行人。宦海沉浮數十年，他們曾幾度同舟共濟，而前塵往事，天涯長夢，如今都可以執手故人，盡付笑談中。

至於這一壺漂泊的餘生，便就著這湖山的風月，況味和情義，一飲而盡吧。

## 不如歸去，做一閒人

他告訴蘇轍，他會直接去揚州。但願日後可以溯流歸鄉，載書而行，在眉山修築房屋，種植果樹，等著蘇轍告老而歸，然後對一張琴，一壺酒，一溪雲，樂盡天真度餘生。寄信的時候，他又悵然了許久，感覺自己在信封裡裝了一個夢。

元祐六年（西元一〇九一年）五月，蘇東坡抵達京師，續職翰林學士，知制誥，兼帝王之師。

高太皇太后年事已高，想將蘇東坡扶上宰相的官位，也希望他可以與蘇轍的尚書右丞合力，以達到制衡朝堂權力的效果。自陳橋兵變以來，宋朝吸取前朝教訓，為了防止獨相專權，特設兩個宰相，當時坐在相位上的，就是呂大防與劉摯。

呂大防沒有害人之心，卻生性懦弱，只能任憑劉摯在暗地裡攪動朝堂風雲。劉摯，樹大根深又心狠手辣，他身為朔黨之首，得知深受高太皇太后倚重的蘇東坡還朝，便將其當成了自己的頭號政敵。而自從程頤離京後，以賈易為首的洛黨門人也都依附於劉摯一派，此時更是視蘇東坡為眼中釘，無時無刻不想將其置之死地。

可嘆皇皇朝堂，竟成虎狼之地。

敵人們對蘇東坡進行輪番攻擊，彈劾他虛報浙西災情，汙蔑他築西湖大堤，只為自己遊玩之樂，說他撰寫的詔令裡面有諷刺先帝的典故……就連蘇轍也被牽涉其中，稱其出使外邦時洩露了國家機密，罪不可赦。

所以，蘇東坡從接到詔令開始，就一直在上表請辭，但遺憾的是，高太皇太后都用沉默回答了他。

蘇東坡只能再次請求外任。

怎料這個時候，他的敵人又打造了一支莫須有之箭，想效仿昔日李定，從他的詩詞裡找到彈劾（誣陷）的證據，稱他對先帝不敬，按照律法，那可是殺頭的大罪。

六年前，也就是元豐八年（一〇八五年）五月，蘇東坡曾寫下過三首詩：

十年歸夢寄西風，此去真為田舍翁。
剩覓蜀岡新井水，要攜鄉味過江東。

道人勸飲雞蘇水，童子能煎罌粟湯。
暫借藤床與瓦枕，莫教辜負竹風涼。

此生已覺都無事，今歲仍逢大有年。
山寺歸來聞好語，野花啼鳥亦欣然。

——〈歸宜興，留題竹西寺三首〉

彼時，離神宗皇帝駕崩已有兩個月，蘇東坡正在揚州竹西寺遊玩。

竹西寺曾是隋煬帝的故宮，佛殿依山而築，飛簷吞雲吐霧，極為壯觀。寺中有泉在石隙，名為「蜀井」，相傳井底有暗河，與蜀江相通，其水甘洌無比，足以一慰蜀人鄉思。

那一天，蜀人蘇東坡訪寺累了，便躺在道人的藤床上，聽著風從雲海而來，吹動竹葉，簌簌有聲，只覺全身輕盈，無上清涼。

下山時，他聽聞百姓談論收成，農作物長勢甚好，想起自己乞居常州的上表獲批，從此也成了他們中的一員，只需要單純地與土地打交道，又不禁在心底生出了一種如釋重負，如願以償的欣喜。

但現在，蘇東坡的政敵之一，程頤的門人，侍御史賈易出手了，他將「山寺歸來聞好語，野花啼鳥亦欣然」這一句摘了出來，呈在高太皇太后面前，彈劾蘇東坡不忠不義。為何？身為人臣，聽聞先帝駕崩，不是應該泣血哀號嗎？蘇東坡倒好，在詩裡寫什麼「好語」、「欣然」，如此拍手相慶，簡直大逆不道啊！

蘇東坡懶得自辯。

他認為，只要調查到寫作日期，便可自證清白。

不過蘇轍覺得，還是很有必要跟高太皇太后辯證一下：

「臣問兄軾，云實有此詩，然自有因依。乙丑年三月六日（元豐八年），在南京聞裕陵遺制，成服後，蒙恩許居常州。既南去至揚州，五月一日在竹西寺寺門外道傍，見十數父老說話，內一人合掌加額曰：『聞道好個少年官家（皇帝）。』臣兄見有此言，心中實喜，又無可語者，遂作二韻詩，記之於寺壁，如此而已……望聖慈體察。」

蘇轍奏完便退下了，他相信高太皇太后應該能明辨小人拙劣的指控。

高太皇太后的確對蘇家兄弟的人品深信不疑，只是按照程序，她還是要派人調查一下。結果證明了她識人的眼光很不錯。

這年八月，朝廷終於同意蘇東坡外任。

與上次知杭州一樣，這次他也將以龍圖閣學士知潁州，還收到了高太皇太后御賜的金腰帶。

他鬆了一口氣，如魚掙脫了漁網，躍入了江河。

臨行前的那個夜晚，秋風起兮，草木搖落，空氣中泛著薄薄的寒意，蘇東坡去跟蘇轍道別，寫下了這一首詩：

床頭枕馳道，雙闕夜未央。
車轂鳴枕中，客夢安得長。
新秋入梧葉，風雨驚洞房。
獨行殘月影，悵焉感初涼。
筮仕記懷遠，謫居念黃岡。
一往三十年，此懷未始忘。
扣門呼阿同，安寢已太康。

青山映華髮，歸計三月糧。
我欲自汝陰，徑上潼江章。
想見冰盤中，石蜜與柿霜。
憐子遇明主，憂患已再嘗。
報國何時畢，我心久已降。

——〈感舊詩〉

蘇東坡想起嘉祐年間，與蘇轍來京城考試，寓居在懷遠驛站，也曾在這樣的秋夜輾轉反側，聆聽冷雨，感嘆人生中的悲歡離合。彼時，他二十六歲，蘇轍二十三歲。而如今三十年過去，兩個人漂泊於宦海，聚少離多，身不由己，又都白髮蒼顏，真不知何時才能再續風雨對床的盟約……不禁悲從中來，一陣悽楚。

詩中有一個小細節很讓人感動，也足以看出蘇東坡對蘇轍的愛之深沉——他扣門喊著蘇轍的小名「阿同」，但蘇轍已經睡著了，他便不忍再打擾，只是站在蘇轍的門外，久久凝視，風露中宵。

是年八月二十二日，蘇東坡到達潁州。

還記得二十年前，他第一次赴杭州任通判，還曾和蘇轍去潁州看望歐陽修，一起泛舟於潁州西湖，醉眼看煙波，不用去理會那明天的車馬東西，惆悵風月。

他喜歡潁州的一切風物人情——因為是老師的故地，這一次抵任，他又從心底生出了一種還鄉的親切與喜悅。

他在寫給朋友的信中說：「得潁藏拙，餘年之幸也。自是刳心鉗口矣。」

在他眼裡，潁州這樣的好地方，是可以用來藏拙的，盡可笑納他的「獨占人間一味愚」。但「刳心鉗口」，那怎麼忍得住呢？說起來，這四個字倒是更像他許下的一個自我期待，和願望一樣。

畢竟願望總是心嚮往之又遙不可及的。

果不其然，到官才十天，他就開始寫詩了：

我性喜臨水，得潁意甚奇。

到官十日來，九日河之湄。

吏民相笑語，使君老而痴。

使君實不痴，流水有令姿。
繞郡十餘里，不駛亦不遲。
上流直而清，下流曲而漪。
畫船俯明鏡，笑問汝為誰？
忽然生鱗甲，亂我須與眉。
散為百東坡，頃刻復在茲。
此豈水薄相，與我相娛嬉。
聲色與臭味，顛倒眩小兒。
等是兒戲物，水中少磷緇。
趙陳兩歐陽，同參天人師。
觀妙各有得，共賦泛潁詩。

——〈泛潁〉

詩中的「趙陳兩歐陽」，則是蘇東坡的四個好朋友：潁州通判趙令畤、州學教授陳師道以及歐陽修家的兩位公子。

他們四人經常約了在一起飲酒、賦詩、泛舟繞城遊玩。在朋友面前，蘇東坡甚至可以像孩子一樣與湖水嬉戲。

而蘇東坡這樣的人，也總是能讓朋友獲得不同的交往體驗。

他性格多元，樂觀、天真、睿智、疏狂、曠達、疾惡如仇、熱情如火、溫柔如水、儒雅如竹，有時卻是一把利劍。

同時，他又是一個妥妥的「斜槓青年」（擁有多種職業和多重身分的人）：文士、官員、書畫大師、茶人、酒徒、老饕、參禪者、收藏家、資深背包客……以及水利工程師。

是的，無論玩得多麼高興，蘇東坡都從未忘記過自己為官的責任——為國為民，永志不渝。

當時陳州遭遇水患，陳州知州向朝廷提議開鑿八丈溝，將陳州之水引入潁河，再由潁河排入淮河，以此達到消除水患的目的。

蘇東坡不是只會坐著馬車視察，全憑臆想判斷的利己主義官僚。他通曉水文地理，又有多次與水利工程打交道的經驗，於是一來到潁州，便去進行實地勘察。他令人用竹竿測量水準，一共動用了五千多根竹竿。兩個月後，結果證實了他的推測，淮河汛期的水位果真要比八丈溝水位高出近一丈。那麼八丈溝一旦挖成投入使用，當大汛來臨，潁河必遭逆灌，潁州也將替代陳州遭受無妄之災，實乃勞民傷財之策！

他趕緊寫下〈奏論八丈溝不可開狀〉，三次上書朝廷，列出實據，直指弊端，請求停挖八丈溝。

不久後，八丈溝終於停工了。蘇東坡不僅救了潁州的水患，為國家節省錢米三十七萬貫，更讓十八萬百姓免除了勞役。

是年臘月，潁州大雪紛飛，蘇東坡出城的時候，看到很多附近州郡的災民在雪中前行，他們饑寒交迫，貧病交加，餓了用草根樹皮充饑，病了就只能倒在路邊。

回城後，蘇東坡一夜都沒有睡著。

第二天，天還沒有亮，蘇東坡就把通判趙令時叫醒了。

趙令時曾在陳州賑災有功，蘇東坡便問趙令時，想要救濟這些災民，可有什麼好辦法。

趙令時告訴他，可以打開義倉放米，然後找酒務勻出炭火柴薪，為災民解決饑寒的問題。

蘇東坡覺得是個好主意。

同時，他還上書朝廷，請求賑災淮浙，並停掉柴薪和稻穀的賦稅：「淮浙累歲災傷，來年春夏必有流民。而潁州正當南北孔道，萬一扶老攜幼，紛集境內，理難斥遣。若饑羸道路，臭穢薰蒸，民同被災疫之害。弱者既轉溝壑，則強者必聚為盜寇。」

朝廷答應了。

蘇東坡又為潁州做了一件好事。

然而就在這時，他卻收到了朝廷的調令，讓他離開潁州，到揚州上任。

元祐七年二月，再次升官的蘇轍遣人送信到潁州，約蘇東坡回京述職，並暗示兄長，劉摯已經離京，只要他願意，就可以與自己一起留在京師，輔佐皇帝。

清夜無塵，月色如銀。酒斟時、須滿十分。浮名浮利，虛苦勞神。
嘆隙中駒，石中火，夢中身。
雖抱文章，開口誰親。且陶陶、樂盡天真。幾時歸去，作個閒人。
對一張琴，一壺酒，一溪雲。

——〈行香子．述懷〉

而這時，一如蘇東坡在詞裡的自述，他已經對朝堂之上的浮名虛利和爾虞我詐深以為厭了。就連京師，他都唯恐避之不及。

他仕宦數十年，熱愛杭州、潁州、鍾情黃州、徐州，哪怕後來去了惠州、儋州，也從未想念過汴京的紫陌紅塵。

或許是因為，他的仕途從汴京開始，卻也是在汴京，他嘗到了地獄的滋味。

在回信中，他告訴蘇轍，他會直接去揚州。但願日後可以溯流歸鄉，載書而行，在眉山修築房屋，種植果樹，等著蘇轍告老而歸，然後對一張琴，一壺酒，一溪雲，樂盡天真度餘生。

寄信的時候，他又悵然了許久，感覺自己在信封裡裝了一個夢。

人生天地之間，日子如白駒過隙，稍縱即逝，忽然而已。

這一年，他五十六歲了。如果再次回到京師，留在政治的窠臼之中，每天與小人們過招拆招，豈不是折辱了自己，又浪費了生命？

這樣的虧本買賣，他蘇東坡才不做哩。

# 第五章：自有蒼穹的元氣老僧

# 從江南到嶺南：「佛系」是怎樣煉成的

年輕時，不知光陰易逝，世事櫥艱，我們總會在茫茫人海中尋找一見傾心的臉，而只有歷經悲歡離合，遭遇大起大落後，才會渴望擁抱相同質地的靈魂。

元祐七年（西元一〇九二年），蘇東坡也成了煙花三月下揚州的人。在新寫的詩中，他說自己是「二年閱三州」，一把老骨頭了還忙得像個小磨兒，好像被什麼無形的東西驅趕著。這無形的東西，看似是皇權之手，實則就是人們常說的命運，因為它讓人無法預知，又無法擺脫。

從潁州到揚州，一路上，蘇東坡看到農田裡麥浪起伏，山坡上桑麻遍野，放眼都是一片豐收之象，心裡不禁歡欣萬分。

但很快蘇東坡又看到，分明是麥收季節，田野阡陌之間卻沒有一絲人煙。於是，他一個人走進村落深處，去訪問當地父老，才知道相比災荒，種地的農民其實更怕豐年。

父老們泣不成聲地告訴蘇東坡，農民在災荒之年尚可節衣縮食，勉強糊口，可是一到豐年，就要把歷年所欠的公債和利息一起償還。農民們還不起，催欠的官兵就隨時可能闖入民舍，棍棒伺候，或者是將他們抓進監牢，嚴刑拷打，讓他們求死不得。

蘇東坡意識到，這是王安石變法留下的爛攤子。那麼現在，除了他，已經沒有人會為百姓說話。

他擬了一份詳盡的表章上奏朝廷，搬出了孔夫子說過的話，「苛政猛於虎」，而水旱殺人，更是比虎凶猛百倍。催債的官兵也是猶如虎狼，每州不少於五百個，讓百姓無處安生。所以他請求朝廷實施仁政，對於農民們積欠的債務，可以寬免一年。

一個月後，蘇東坡又寫信給高太皇太后，希望太皇太后慈悲為懷，可以按照他之前奏章上的建議，重新處理百姓的負債，「使久困之民，稍知一飽之樂」。最起碼，可以讓小民們活得像個人，稍稍喘上 口氣。

到了七月，詔令終於下來，如蘇東坡所願，朝廷果然寬免了淮浙農民們一年的積債。是時，蘇東坡正對著陶淵明的〈飲酒〉詩，隔空唱和，如夢似醉。直到收到詔書，他才猛然清醒，如獲至寶，連忙上表朝廷，以示感謝。

民勞吏無德，歲美天有道。
暑雨避麥秋，溫風送蠶老。
三咽初有聞，一溉未濡槁。
詔書寬積欠，父老顏色好。
再拜賀吾君，獲此不貪寶。
頹然笑阮籍，醉幾書謝表。

——〈和陶飲酒二十首．其十一〉

後來在這組詩的序言中，他如此寫道：

「吾飲酒至少，常以把盞為樂。往往頹然坐睡，人見其醉，而吾中了然，蓋莫能名其為醉為醒也。在揚州時，飲酒過午，輒罷。客去，解衣盤礴，終日歡不足而適有餘。因和淵明〈飲酒〉二十首，庶以彷彿其不可名者，示舍弟子由、晁無咎學士。」

對於生命，他認為，只有閒適才是得到，而庸碌無為，沒有按照自己意願所度過的日子，都是失去，都是苟活。

昔日在黃州時，蘇東坡就曾常讀陶淵明，〈飲酒〉詩中有句「嘯傲東軒下，聊復得此生」，就讓他發出過感嘆：「靖節以無事自適為得此生，則凡役於物者，非失此生耶？」

如今置身揚州，陶淵明依舊是蘇東坡的精神參照，是他渴望靠近的同類。

或者也可以這樣說，他是在黃州愛上的陶淵明，但他一定是在揚州，真正懂得了陶淵明。

黃庭堅曾一語道破蘇東坡的心事，說讀陶淵明，血氣方剛時，如嚼枯木，只有綿歷世事，才如渴飲水，如欲寐得啜茗，如饑啖湯餅。

就像年輕時，不知光陰易逝，世事彌艱，我們總會在茫茫人海中尋找一見傾心的臉，而只有歷經悲歡離合，遭遇大起大落後，才會渴望擁抱相同質地的靈魂。

哪怕，他們之間相隔了七百年。

但世間有兩種神奇的物體，可以讓時間和心靈產生微妙的變化。

比如酒，酒精有時不會讓人真正地醉去，卻可以成為溯源時間之河的載體，可以浸泡出比刀劍更剛烈的骨頭，也可以讓思緒萬里鵬飛，逍遙神遊。

比如墨，文字落紙成詩，詩可以造夢，也可以改變生命的維度，躲過世事的纏綿和歲月的蹉跎，從命運的手裡，重分一杯羹。

是年八月，蘇東坡的〈和陶飲酒二十首〉全部寫完，而他也要離開揚州了。朝廷又召他還朝，這一次，是讓他回京師做兵部尚書兼侍讀，還需負責皇帝南郊祭祀的鹵簿使。

皇帝已經十八歲了，去南郊祭祀是他親政前的一個重要流程。蘇東坡不能推辭。

天明問前路，已度千重山，那麼就再見了，揚州。

這次還朝，蘇東坡做了兩個月的兵部尚書，很快被轉為端明殿學士、禮部尚書，接受朝廷御賜的金帶。

他看起來官運亨通。有人來祝賀他，但他說自己最想念的還是種田的日子。只是一日在朝堂，就會盡心盡力，直言相諫，從不避諱。他的肚子裡，依舊裝著國家社稷，也依舊不合時宜。

第二年三月，蘇東坡再次遭到彈劾，而且是七道奏章。

不過彈劾的理由一點新意都沒有，又是什麼「訕謗先帝」。他都聽煩了。

蘇東坡跟高太皇太后說，要麼讓他退休，要麼將他外放，連外放之地他都想好了，就是越州（今浙江省紹興市）。

越州的確是個好地方，那裡有白梅可賞，盧桔可食，沒事的時候，還可以去會稽山下種種田。

高太皇太后知道留不住他，便只好答應他。不過將外放的地方改到了河北的定州。那裡是重邊難郡，或許比越州更需要一個好的父母官。

蘇東坡一心想離開京師，其實還有一個原因，那就是他隱約預感到，他要輔佐的人，日後很可能不會成為明君。

皇帝登基時年紀尚小，只能請高太皇太后垂簾聽政，那麼國家大小事務自然也都由太皇太后做主。待皇帝成年後，太皇太后本應撤簾還政，她卻依舊坐在朝堂上，希望再助孫兒一程。

可惜皇帝並不喜歡高太皇太后的幫助。

他要用自己的方式進行反抗。比如太皇太后下令搬走的桌子，他會再令人搬回來。

太皇太后問為何，他回，因為是父皇用過的桌子。比如大臣向太皇太后稟報時，無論是對是錯，他都不發一言。太皇太后問為何，他會回，既然有人做主，又何必問我。太皇太后給他找最好的老師，他便蹺課。太皇太后擔心他沉溺女色，他便令人悄悄帶回十個乳娘。

對於祖母的干涉以及元祐大臣的忠告，他都心生抵觸，甚至私下抱怨說，自己只是一個坐在龍椅上的擺設。

於是便有流言，說高太皇太后是想廢掉哲宗，改立她自己的兒子為帝。要命的是，皇帝居然對這種低劣的誣告深信不疑。

高太皇太后瀝盡心血多年，卻無端受人猜忌，不免悲從中來，一病不起。而積壓在皇帝心底的怨恨以及對親政的渴望，早已悄然化成了猛獸。現在，猛獸之所以還被關在籠子裡，不過是因為掌管鑰匙的人還沒過世。但很顯然，有人在冷眼期待著那一天的到來。

就在蘇東坡要出發去定州的時候，王閏之突然病倒了。

八月一日，王閏之去世，蘇東坡傷心至極，將她厚葬在西郊的佛寺中。王閏之是佛教徒，蘇東坡便撰寫佛頌，請李公麟畫下釋迦文佛供奉於寺廟，為亡妻超渡，又寫下沉痛的祭文，感念王閏之的賢良淑德，一路甘苦相伴，但願死後與之同穴，以寄情思。

怎料九月三日，高太皇太后也駕崩了。

從此，蘇東坡餘生的命運都將發生巨大的改變。

因為，皇帝真正親政的時候到來了。高太皇太后再不能庇護蘇東坡，而敵人的另一只靴子，也已經步入了宮門。

章惇，昔日王安石的下屬，蘇東坡曾經的朋友，被他預言「日後必殺人」的人，這時到了皇帝的身邊，投其所好，並很快拜相。

很多年前，蘇東坡在鳳翔府上班時，章惇正在附近的商州任職，公務清閒時，他們經常會約了一起遊玩山水。

有一次，他們遇到了一處深潭，四周都是百尺絕壁，唯有一截橫木架橋，可供人側身通過。章惇讓蘇東坡走過獨木橋，到對面的石壁上去題詩，但蘇東坡不敢去。而章惇卻可以神色自若地走過木橋，揮筆寫下「章惇、蘇軾到此一遊」，然後折回蘇東坡的身邊，再看那壁上的筆力和氣韻，竟然一絲都沒有抖動。

於是蘇東坡拍著章惇的肩膀說：「日後你一定會殺人。」

章惇說：「為什麼呢？」

蘇東坡說：「對自己的性命可以開玩笑的人，自然也能殺人。」

章惇大笑起來，也只當是在聽一個玩笑。

不知道有一天，當一人之下萬人之上的章惇向皇帝提議，要對司馬光鞭屍，向元祐黨人瘋狂報復的時候，蘇東坡有沒有想起他的那個預言，有沒有倒吸一口涼氣，章惇最終還是把他性格中的勇和狠都用到了政治上。

是的，在元祐黨爭中，章惇被高太皇太后貶至嶺南，所以對於元祐黨人，他心裡同樣有著磨刀霍霍的怨恨。

這種怨恨，讓他和皇帝迅速結成了聯盟，再加上高太皇太后曾要謀取皇位的謠言，一場史無前例的政治浩劫便可以開始了。

現在，所有的元祐老臣都遭到了貶黜，被迫離開了京城。蘇轍被貶到汝州當太守，蘇東坡的門人全部被驅逐。有人曾在高太皇太后面前告小皇帝的狀，則馬上被流放到千里之外的蠻荒之地。已經去世的司馬光被誣告成參與高太皇太后密謀奪位的人，他的屍體和後人都遭了殃。就連高太皇太后也被章惇稱為「老奸擅國」，建議皇帝將其靈位逐出太廟，不過這一件事皇帝沒有照做，或許是因為他不想自己死後被祖宗教訓。

蘇東坡於十月二十三日到達定州，因為高太皇太后的先見之明，早就為他安排了邊郡的去處，居然成了唯一在風暴到來前全身而退的人。

在定州，他穿上戎裝，重整軍紀，安頓軍心，召集民間武裝力量，只為鞏固邊陲軍事，不負太皇太后的良苦用心。

無奈朝廷根本沒有人看得見他的政績，也沒有人理會他的上表。

就像離京之前，按照祖宗之法，派往邊郡的官員應該面辭皇帝，但皇帝根本不想召見自己的老師。

蘇東坡只能以臣子的身分冒死相諫，勸皇帝親賢臣，遠小人，願皇帝慈、儉、勤、慎、誠、明，凡事以江山社稷為重。

不承想，換來的卻是小人的再度迫害——有人在蘇東坡曾經為高太皇太后撰寫的詔令中摘出兩句話來，說他「譏刺先朝」，「詆謗先帝」。

紹聖元年（西元一〇九四年）四月，一道貶謫的聖旨到達定州，蘇東坡所有的朝廷官職都被撤掉了，他將被流放到嶺南的英州（今廣東省英德市），擔任太守。

但就在他啟程前往流放之地的途中，他又接到了四次貶官的詔令，一次比一次貶得低，最後竟被貶至惠州，做小小的建昌軍司馬去了。

一切都在蘇東坡的意料之中，

他坦然地接受了。

他知道，自己這輩子都回不到京城了。

或許也可以說，他這輩子都不用再回京城了。

所以，當他的家人們眼淚汪汪地與他告別，擔心他走不完兩千多里路的時候，他卻哈哈一笑，聲稱何不把這次流放當成一次長途旅行。

正如他在〈過大庾嶺〉詩中所寫：「一念失垢汙，身心洞清淨。浩然天地間，唯我獨也正。」

走在流放之路上，他內心清淨，氣骨浩然，也感覺離陶淵明越來越近了。

## 不辭長作嶺南人：我有荔枝，你有酒嗎？

求魚得魚，是快樂，意釣忘魚，就是禪。現代人說，時間應該浪費在美好的事物上，而蘇東坡告訴我們，做一切讓自己感到快樂的事都不算浪費。

紹聖元年（西元一〇九四年）十月二日，蘇東坡歷經半年的山川跋涉，終於到達惠州。

這一次，山高路遠，生死難料。唐宋時期，嶺南還是蠻荒凶險之地，「瘴癘之氣橫行，聖人之道不彰」，也只有犯下重罪的官員才被流放至此。所以，蘇東坡臨行前幾乎遣散了所有的僕人，只帶了王朝雲和幼子蘇過同行。

但蘇東坡對惠州的第一印象卻是溫暖、親切、詩意和野趣的，猶如重遊故夢：

「彷彿曾遊在夢中，欣然雞犬識新豐。吏民驚怪坐何事，父老相攜迎此翁……」

「江雲漠漠桂花溼，海雨翛翛荔子然。聞道黃柑常抵鵲，不容朱橘更論錢……」

他喜歡這個地方。

官吏和百姓都來迎接他，空氣裡浮動著桂花甜糯的香息，火紅的荔枝飽滿地掛在樹梢，小孩子們在路邊玩鬧，喜鵲拍打著翅膀飛向遠處。一切都讓他感動和歡欣。

蘇東坡現在的狀況跟黃州時期很相似。

同樣是有大片大片空閒的時間，同樣窮得叮噹響。當地的官員也是對他禮遇有加，惠州太守正巧是黃州太守徐大受的朋友。

初到惠州，太守就請他入住最好的旅店。旅店叫合江樓，靠在欄杆上就能看到青山和江海，風帶著南國獨有的清涼，午睡時，有成群的烏鴉飛過窗外。

蘇東坡對合江樓很滿意，他把這種居住體驗寫在了詩裡。但因為他的身分是犯官，凡事都得謹慎低調，半個月後，為了避免落人口實，便帶著家人前往對岸的嘉佑寺落腳。

嘉佑寺是個岑寂的野寺，沒有魚鼓，門可羅雀，和黃州的臨皋亭一樣破敗。但即便是山野茅屋，經過蘇東坡的修整，也能散發出文人的氣息。

不久後，他又在東面闢出一間小屋來，名曰「思無邪齋」，是他精神產物輸出的地方，作用等同於黃州的雪堂。

蘇東坡有時會穿過思無邪齋，沿著細細的小徑去後山漫步，然後一直走到山頂，到松風亭小憩。

有一次，他又往松風亭去，到了半路，卻覺得很是疲乏，便想躺下來休息一會兒。但這時離松風亭還有很遠的距離，要如何才能爬上去呢？

良久，他笑起來，對自己說：「咦，我為什麼不能就在這裡休息，為什麼非要走到亭子去休息？」

那一刻，他就像掛鉤之魚，忽然得到了解脫，心底茅塞頓開，豁然貫通。

江郊蔥曨，雲水蒨絢。
碕岸斗入，洄潭輪轉。
先生悅之，布席閒燕。
初日下照，潛鱗俯見。
意釣忘魚，樂此竿線。
優哉悠哉，玩物之變。

——〈江郊〉

嘉佑寺不遠處的江郊有一個磐石小潭，天氣好的時候，蘇東坡就會去那裡垂釣。不過，他垂釣只是為了享受那個釣的過程。雲水之間，晨曦初生，一人一竿，如老僧入定。

求魚得魚，是快樂，意釣忘魚，就是禪。

現代人說，時間應該浪費在美好的事物上，而蘇東坡告訴我們，做一切讓自己感到快樂的事都不算浪費。

蘇東坡酒量不好，但這一點並不影響他因酒所得的快樂。他飲酒，以酒結交朋友，為酒寫頌，酒後進行文學創作，讀跟酒有關的故事，接受別人贈送的酒，自己依照方子釀酒，或是創造酒，都是生命與酒發生的奇妙連結。

有天惠州太守給蘇東坡送來一罈美酒，而他正在讀東皋子的傳記。

東皋子，即初唐詩人王績，也是個仕途不順的人。王績的酒量大得驚人，一次能飲五斗（蘇東坡一次只能飲五杯），隋朝滅亡後，他受聘於唐，只覺得萬事索然，唯有三升好酒讓人留戀。後來乾脆辭官做了隱士，自號「東皋子」，意思有點像「東坡居士」的唐代版本。

另外，王績字無功，乃是出自莊子的〈逍遙遊〉：「至人無己，神人無功，聖人無名。」如此再看，蘇東坡深受莊子影響，後來寫出的那句「問汝平生功業，黃州惠州儋州」，便不是什麼單純的自嘲之詞。

是夜，蘇東坡就寫了一篇《東皋子傳》的讀後感，我們也可以從他的飲酒態度中看出他的生活態度。

他感覺自己是世界上酒量最小的人，因為差不多一飲就醉，也是世界上最好酒的人，因為他獲得的快樂，一點都不比善飲的人少。

他說世界上最快樂的人，一定是身體無病，心中無憂，而他——「沒辦法，我剛好就是這種人！」

有人問他：「你沒有生病卻經常存著藥，你酒量那麼小，卻經常釀酒，為什麼要這樣辛苦自己？」

他笑起來：「生病的人得了我的藥，我的身體將變得輕盈；愛酒的人嘗了我的酒，我也獲得了同等品質的快樂。說到底，我還是為了自己啊。」

是的是的，在惠州，蘇東坡又開始釀酒了。

昔日黃州禁酒，他就自釀蜜酒，雖然吃了拉肚子，但他自我感覺良好。後來在定州，他也釀過松花酒。現在到了家家釀酒的嶺南，他自然要做更多的嘗試。

君不見初到惠州，他就被當地的萬戶酒迷住了。

他曾與朋友在大雲寺的松下野飲，設松花湯，作飲酒詞，談及他新釀的「萬家春」，一顆心飄逸如仙：「玉粉輕黃千歲藥，雪花浮動萬家春。醉歸江路野梅新。」

紹聖二年五月，他還釀過一種「真一酒」，取道家的「眾真歸一」之意。

撥雪披雲得乳泓，蜜蜂又欲醉先生。
稻垂麥仰陰陽足，器潔泉新表裡清。
曉日著顏紅有暈，春風入髓散無聲。
人間真一東坡老，與作青州從事名。

——〈真一酒〉

而真一酒釀成後，當呈美玉之色，散發自然清香，與駙馬王詵家的「碧玉」絕似。「真是奇絕奇絕！」他說。

他曾請羅浮山的道士用真一酒拜奠天上的神仙。相傳那是一個雨夜，設祭時，卻突然清風肅然，雲氣散盡，星月漫大。而祭拜完畢後，天空又陰雨如初。

他也曾與陌生人同飲真一酒，微醺時擊節而歌，只見合江樓下，風振水湧，大魚皆出。美得像是一個夢。

所以他認為，酒是神仙才能享有的美物，也象徵著祥瑞。那麼一個人釀的酒好，他一定是被上天庇護的人，反之，就是神仙不喜歡的人。

不過在惠州，「桂酒」才是蘇東坡真正的得意之作。

他在信中告訴朋友，桂酒新成，是他謫居生涯的一大喜事。而他的桂酒，足以把王詵家的「碧香」比下去，真一酒只是絕似而已。

桂酒的方子是一個隱士告訴他的，釀成之後，酒色熒亮，酒香超然，非人間之物。

他從書中得知，「桂有小毒，而菌桂、牡桂皆無毒，大略皆主溫中，利肝肺氣，殺三蟲，輕身堅骨，養神發色，使常如童子，療心腹冷疾，為百藥先，無所畏。」按照孫思邈的說法，久服之後，可以身輕如燕，涉水而過。

他把酒方刻在羅浮山的鐵橋之下，非忘世求道者，非有緣者，不可得之。

蘇東坡是一個敬惜生命的人。

對他來說，喝酒可怡情，可忘世，可養生，養生也是一種修行。

而眾多的養生之道中，他又最重視吐納和煉丹。

吐納術是一個海外道士教給他的，有點像今天的瑜珈。蘇轍也因此治癒了多年的寒疾。道家認為一個人只要元氣足，就會百病不侵。那個道士還曾給先天不足的蘇迨治過病，蘇東坡看著他將氣布入蘇迨腹中，按摩肚臍，日後，蘇迨果然體格健壯，邪不入體。

每夜以子後披衣起，面東或南，盤足叩齒三十六通。握固閉息，內觀五臟，肺白肝青脾黃心赤腎黑。次想心為赤火，光明洞徹，下入丹田中。待腹滿氣極，即徐出氣，候出入息均調，即以舌接唇齒，內外漱煉津液，未得嚥。復前法閉息內觀。納心丹田，調息漱津，皆依前法。如此者三。津液滿口，即低頭嚥下，以氣送入丹田。須用意精猛，令津與氣谷谷然有聲。徑入丹田，又依前法為之。凡九閉息三嚥津而止。然後以左右手熱摩兩腳心，及臍下腰脊間，皆令熱徹。次以兩手摩熨眼面耳項，皆令極熱。仍按捏鼻梁左右五七下。梳頭百餘梳而臥，熟寢至明。

——〈上張安道養生訣論〉

如上所述，在惠州，蘇東坡依然每天都會堅持吐納。吐納是貯藏元氣的方法，也是清空情感積鬱的過程。情感與健康一直都是密不可分的。如果想要身體和心靈達到和諧默契的狀態，那麼心靈就不可以成為身體的負累，在情緒上，就要戒驕戒躁，內心要清淨安寧，不要讓過多的負面情緒成為身體的內耗。

煉丹則比吐納要複雜得多。

但蘇東坡聽說煉丹與吐納更配，而且他現在有的是時間。

思無邪齋落成後，他便託人從廣州買來煉丹的工具，比如丹爐、松脂、硫黃等。

他將一部分的煉丹方法記在了日記裡。

一種是「陽丹」，需要禁慾、齋戒。冬至過後，當口水變得甘甜，就嚥下去直到丹田。找三十件瓷器，在其中小便，再蓋上蓋子，標記好，放到乾淨的房間裡。三十天後打開，取瓷器中凝結得像浮蟻一樣的細砂用手帕過濾，放到乾淨的瓷瓶中，一直存放到夏至，便可將細砂取出，和棗泥一起研磨，搓成梧桐子大小的丹丸，空腹和酒吞下。夏至過後，則可以用同樣的方法，將丹丸保存到冬至服用。

另一種是「陰丹」，需要用到頭胎誕下男嬰的婦人的乳汁等物，以慢火熬煮製成。

不過他奉勸不修道的人不要輕易嘗試。

至於這些費盡心思煉出來的丹，他卻對朋友說，自己是斷然不敢吃的。

也有人疑心他偷偷吃過——丹藥性情燥熱，要不他怎麼老患紅眼病、疥瘡、痔瘡呢？或許，又只是因為吃太多荔枝的關係？

要知道蘇東坡對荔枝的熱愛可是有目共睹，在詩中，他就曾稱讚荔枝是水果中的尤物，是吃過一次就畢生難忘的傾城美味。後來有了房子，他第一件事就是在院子裡栽滿荔枝樹。

「一騎紅塵妃子笑，無人知是荔枝來。」現在，在惠州，只要是荔枝上市的季節，蘇東坡天天都可以享受楊貴妃的待遇，躺在思無邪齋裡，寫詩，吃荔枝，簡直樂不思蜀。

> 羅浮山下四時春，盧橘楊梅次第新。
> 日啖荔枝三百顆，不辭長作嶺南人。
>
> ——〈食荔枝〉

不辭長作嶺南人，當然，荔枝只是原因之一。

但也可以看出，在惠州，蘇東坡是真的收獲了很多快樂。就像他說的，可以釀出絕世美酒的人，一定是上天喜歡的人，所以，嶺南才會對他這般溫柔以待。

有一年春日，蘇東坡與友人同遊白水山佛跡岩，沐浴於湯泉，散髮於懸瀑之下，一路浩歌而行，不亦樂乎。不知不覺竟到了荔枝浦上。是時晚霞漫天，竹影蕭然，滿樹荔枝鮮豔欲滴。有年長的父老笑咪咪地指著荔枝樹對蘇東坡說：「我有荔枝，你有酒嗎？」（及是可食，公能攜酒來遊乎？）

蘇東坡欣然應允。

是夜遊玩歸來，在思無邪齋，他給老友陳季常回信，信末寫道：「自山中歸來，燈下裁答，信筆而書，紙盡而已。」

這句話彷彿可以看到蘇東坡的神魂，如燈下的剪影，孤瘦而寧謐。

這個片段也可以當成他嶺南歲月的注腳，溫柔而灑脫。

畢竟，人間悲苦太稠太多，樂天是他的天賦，是他的性情，是他的能力，也是他經過靈魂的反覆淬鍊，智慧、感知和想像力的結合物，只要沾染一點溫情的引子，便可以將生活化腐朽為珍饈。

## 朝雲去後，再不聽〈蝶戀花〉

遺憾的是，蘇東坡與王朝雲惺惺相惜，也心心相印，但隨著王朝雲的離世，他們之間那種明月照大江的疏朗，便成了冷月葬花魂的淒涼。

紹聖二年（西元一〇九五年）春，蘇東坡即將見到一位特別的故人。那就是他的表哥兼姊夫程之才。

童年能幾時，鬢髮各已蒼，這一年，他們之間不見已四十二載。曾經，因為姊姊八娘的離世，蘇家跟程家決裂，這對表兄弟也各自天涯，再不往來。

現在，因為章惇想繼續打擊蘇東坡，便利用這段怨隙，派遣程之才巡按廣州。按照章惇的想法，只要程之才願意，隨時可以對蘇東坡公報私仇。

而那段沉痛的往事，本是蘇東坡與章惇交好時，剖開肺腑指給他看的軟肋，沒想到，如今竟成了他處心積慮想要擊中的靶心。

可惜章惇失算了。

程之才到廣州後即令人送了一封信給蘇東坡，暗示修好之意。蘇東坡趕緊回了一封信過去，約他來惠州見面，並稱倘若能夠與之一見，就是餘生的幸運：

知車騎不久東按，倘獲一見，慰幸可量。

昔人以三十年為一世，今吾老兄弟不相從四十二年矣。念此令人淒斷，不知兄果能為弟一來否？

數十年倏爾遠逝，誠覺萬事皆可輕放。

經歷過世事的磨礪，歲月的淘漉，對於程之才，蘇東坡的心裡早已沒有了怨恨，有的只是那燦若金沙的童年過往和鄉音親情。

更何況，嶺南空氣溫潤，人心也會變得柔軟，而且聰明大氣如東坡，既然「人生如逆旅，我亦是行人」，那麼又豈能帶著前嫌上路呢？

另外，儘管蘇東坡不願捲入朝廷的政治紛爭，但他心底為民謀福的熱情卻從未熄滅。比如初來惠州，為了幫鄉鄰治療瘴毒，他就四處託人買藥，然後製藥布施。為了讓農民提高耕種效率，他又親力親為在田間推廣插秧工具——黃州「秧馬」。

比如現在，與程之才的久別重逢，兄弟情篤，又可以成為行施水利、惠及鄉民的橋梁。在程之才的幫助下，蘇東坡先後在惠州悄悄主持修建了兩座橋梁，還有一座無名塚——用來安葬無名枯骨，還為農民撤換了當地腐敗的稅吏。

他的熱心與智慧更是惠及廣州。

當時廣州在春夏之交經常發生瘟疫，他便託程之才之口，令廣州太守建立公立醫院。他得知瘟疫的源頭正是飲水問題之後，又給太守寫了一封密信，為廣州設計了一套引山泉入城的自來水系統，也是有史以來的第一套自來水系統。

> 惟蒲澗山有滴水岩，水所從來高，可引入城，蓋二十里以下耳。若於岩下作大石槽，以五管大竹續處，以麻繩、漆塗之，隨地高下，直入城中。又為一大石槽以受之。又以五管分引、散流，城中為小石槽，以便汲者。不過用大竹萬餘竿，及二十里間，用葵茅苫蓋，大約不過費數百千可成。

他預計工程要用一萬根大竹，費用大概是不超過一千貫。並建議在每根竹竿上鑽一個綠豆大的小孔，然後用竹針塞住。因為日後萬一堵塞，便只需要拔掉竹針檢查更換，不必累及整個系統。

就連購置竹管、更換管道以及養護工程的費用，他都想好了來處，說是可以出租珠江上游的良田和城中的公屋。

至於做這一切，為什麼要「悄悄」、「密信」、「暗地裡」……則是因為蘇東坡明白自己的處境，他是當政者的眼中釘，一個不准簽署公事的犯官，為了不被人逮住把柄，也為了不連累地方官，就必須假借他人之手，以免橫生枝節。

而這時，一些從京中傳來的消息，譬如皇帝祭祖之後，照例要大赦天下，但大赦時並未提及任何元祐黨人，顯然已經讓蘇東坡做好了在惠州定居的打算。

他在信中告訴朋友「已絕北歸之望」，「然心中甚安之」。

另一封信中，他說：「某既緣此絕棄世故，身心俱安，而小兒亦遂超然物外，非此父不生此子也。呵呵……南北去住定有命，此心亦不念歸，明年買田築室，作惠州人矣。」

既然北歸無望，不如隨遇而安，買田終老，修建房屋，順應天命。不過蘇過小小年紀，竟能超然物外，還是讓他覺得驚喜又欣慰。

還有王朝雲。她伴蘇東坡十餘年南北奔波，山長水闊，卻一直寵辱不驚，安之若素，也是可貴，可佩。

有一天，蘇東坡讀白居易的詩，想起白居易年老落魄時，家中愛妾散盡的淒涼，便越發珍視王朝雲的超凡脫俗，於是寫詩讚道：

不似楊枝別樂天，恰如通德伴伶玄。
阿奴絡秀不同老，天女維摩總解禪。
經卷藥爐新活計，舞衫歌扇舊因緣。
丹成逐我三山去，不作巫陽雲雨仙。

——〈朝雲詩〉

他感嘆王朝雲不離不棄的堅貞，也為王朝雲失去孩子而心生悵憾。他覺得王朝雲不似人間的女子，而是九霄之外的天女，她來到塵世，伴他參禪、煉丹，一旦丹藥所成，她就會與他了斷塵緣。

接著又寫了一首小詞相贈：

白髮蒼顏，正是維摩境界。空方丈、散花何礙。朱唇箸點，更髻鬟生彩。這些個，千生萬生只在。

好事心腸，著人情態。閒窗下、斂雲凝黛。明朝端午，待學紉蘭為佩。尋一首好詩，要書裙帶。

——〈殢人嬌・贈朝雲〉

《維摩經・觀眾生品》中記載：「時維摩詰室有一天女，見諸大人聞所說說法，便現其身，即以天華散諸菩薩、大弟子上，華至諸菩薩即皆墮落，至大弟子便著不墮。一切弟子神力去華，不能令去……」

按照經書所述，天女拋撒花瓣，只有心中無雜念的人才能花瓣不附身，修得菩提。而蘇東坡把王朝雲比作天女，把自己比作維摩詰，進一步表明王朝雲的忠貞、美麗、堅韌、高雅和他的清淨自持，也自認為修煉到了片葉不沾身的境界，無憂無怖，便無掛無礙。

當然，這也可能是他在堅持禁慾的時候，給王朝雲的一種神聖又浪漫的安慰。

又一個秋日，蘇東坡與王朝雲在院子裡閒坐，但見草木蕭然，燕子回歸，一時心有感觸，便置酒撫琴，並央王朝雲唱一曲〈蝶戀花〉：

花褪殘紅青杏小。燕子飛時，綠水人家繞。
枝上柳綿吹又少，天涯何處無芳草。
牆裡秋千牆外道。牆外行人，牆裡佳人笑。
笑漸不聞聲漸悄，多情卻被無情惱。

——〈蝶戀花・春景〉

然而不知何故，王朝雲才唱兩句，便忍不住落淚哽咽，聲稱：「『枝上柳綿吹又少，天涯何處無芳草』，此兩句太過悲戚，奴不能歌也。」

蘇東坡明白王朝雲是感嘆她的夫君暮年漂泊，也是感嘆世間好物不固，時光易逝，遂佯作大笑哄王朝雲展顏：「妳看，我正悲秋，妳怎麼傷起春來了呢？」

實際上，他卻是暗自心驚，恐是不祥之兆。

怎料一曲成讖。

紹聖三年（西元一〇九六年）七月，王朝雲因病離世，年僅三十四歲。

蘇東坡尋遍藥方，日夜祈禱，也沒能留住她。

八月，蘇東坡將王朝雲葬在惠州西湖的棲禪寺下，讓她的香魂沐浴佛音與松風，早升極樂。並寫下墓誌銘以表感念：

東坡先生侍妾曰朝雲，字子霞，姓王氏，錢塘人。敏而好義，侍先生二十有三年，忠敬若一。紹聖三年七月壬辰，卒於惠州，年三十四。八月庚申，葬之豐湖之上，棲禪山東南。生子遁，未期而夭。蓋嘗從比丘尼義沖學佛法。亦粗識大意。且死，誦《金剛經》四句偈以絕。銘曰：「浮屠是瞻，伽藍是依，如汝宿心，唯佛止歸。」

王朝雲生前是佛教徒，故後也給世人留下了一縷佛教的神祕色彩。

她下葬後第三日，惠州經歷了一場狂風暴雨。翌日清晨，蘇東坡帶著蘇過前去查看墓地，竟發現墓的東南側有五個巨人腳印，宛如佛跡光臨。

蘇東坡不由想起王朝雲彌留之際亦雙目清明，身上若有光芒籠罩，口誦《金剛經》

而去：「一切有為法，如夢幻泡影，如露亦如電，應作如是觀。」

他便越發相信，王朝雲本是天女，是佛祖不忍她在人世受苦，就帶著她去了西方的極樂世界。

如此，他又在王朝雲墓前設道場，為之祭奠，並寫下〈惠州薦朝雲疏〉，求饒恕自己觸犯神祇的罪過，然後拜託佛祖好好照顧王朝雲以及王朝雲愛過的草木湖山：

是知佛慈之廣大，不擇眾生之細微。敢薦丹誠，躬修法會。伏願山中一草一木，皆被佛光；今夜少香少花，遍周世界。湖山安吉，墳墓永堅。

是年十月，蘇東坡去棲禪寺下看梅花，寫下這闋詞。

玉骨那愁瘴霧，冰肌自有仙風。
海仙時遣探芳叢，倒掛綠毛么鳳。
素面翻嫌粉涴[9]，洗妝不褪唇紅。
高情已逐曉雲空，不與梨花同夢。

——〈西江月・梅花〉

這一闋詞，也是他寫給王朝雲的信。

《大日經疏》中說，「花者，是從慈悲主義，即此淨心淨種子於大悲胎藏中，萬行開敷，莊嚴佛菩提樹，故說為花。」梅花玉骨冰肌，寶相莊嚴，慈悲美麗，讓他想到了王朝雲。

他站在花樹下，只覺人生宛如一夢。

他的生命中曾有過她，又彷彿從未擁有過。

而梅花年年可相會，天地唯此一朝雲。

述及王朝雲，另一位妙女子亦令人不能忘，那就是沈復的妻子兼紅顏知己芸娘。

不知道林語堂先生說芸娘是中國文學史上最可愛的女人時，有沒有聯想到王朝雲？

芸娘的生活美學和蘭心蕙質點亮了沈復平淡樸素的一生，而王朝雲的陪伴，也讓蘇

9 涴：音同「握」，汙染、弄髒。

東坡枯燥的謫居生活變得更有趣，更多維，更飽滿，從而有了香氣、肌理與溫度。

她們都是一樣的玲瓏嬌美，眉眼如月，也都是一樣得遇良人，情深不壽。

曾經，王朝雲為〈蝶戀花〉而哭泣，數百年後，芸娘也不喜歡聽悲戚的劇碼。想來深情之人最懂得情字裡的苦和難，而性情粗糙的人自然不明白這等女子心底百轉千迴的綿軟情懷。

遺憾的是，蘇東坡與王朝雲惺惺相惜，也心心相印，但隨著王朝雲的離世，他們之間那種明月照大江的清朗，便成了冷月葬花魂的淒涼。

「人似秋鴻來有信，事如春夢了無痕。」芸娘故去後，沈復念及蘇東坡的詩句，在飄零晚景中為她寫下《浮生六記》，記錄往昔的閨閣時光，宛如重蹈春夢，書一紙來世的盟約。

王朝雲去世後，蘇東坡再也沒有納妾，而是獨彈古調，把餘生的相思都給了她一人，終生不復聽〈蝶戀花〉，並寫下：

> 不合時宜，唯有朝雲能識我。
> 獨彈古調，每逢暮雨倍思卿。

## 在海南：戴椰子帽，煎茶，製墨，食牡蠣

既然已經將生死榮辱一眼看開，那麼接下來的每一天都是賺來的，眼前的困境與煩憂，也不過是宇宙間的一枚芥子，一粒微塵，不足道也，又何以為懼呢？

紹聖四年（西元一〇九七年）的春天，蘇東坡在白鶴峰的新屋落成了。

從買地到設計，再從修建到入住，這數間新屋，歷時一年，花掉了他全部的積蓄。現在，他終於可以在這裡重建生活，開啟南國的山居歲月。

他在門前種植了許多荔枝樹和橘樹。正值花開季節，橘子花的香氣在山風中靜靜彌漫，足以安撫異鄉人的心魄。荔枝的果實則已斑斕牆頭，點綴著滿院蔥蘢。透過他書房裡的大窗，就可以欣賞到百里之外的秀美山河。

而蘇邁也即將帶著家人過來與他團聚。

到了午後，他便可以捲起草簾，斜倚在臥榻上，用一縷斜陽重溫琉璃舊夢，或翻看

書信，在腦海中臨摹孫兒可愛的臉龐。

這個時候的他，應該從未想過，自己又要離開惠州。

白頭蕭散滿霜風，小閣藤床寄病容。
報道先生春睡美，道人輕打五更鐘。

——〈縱筆〉

這一次，又是因為寫詩。但若不能寫詩，長壽又是不是一種折磨呢？

蘇東坡沒想到，他的這首小詩傳到京城，一句「春睡美」竟也能惹出事端。章惇告訴他的黨羽們，蘇東坡過得很悠哉嘛！如此看來，惠州還不夠苦啊……那就再貶儋州吧。

是年七月初二，蘇東坡帶著蘇過抵達儋州貶所。

儋州位於海南島的西北部，四面環水，荒涼悽苦，人煙蕭條，環境極為惡劣。據《儋縣誌》所記，這裡「地極炎熱，而海風苦寒。山中多雨多霧，林木陰翳，燥溼之氣不能遠，蒸而為雲，停而為水，莫不有毒……風之寒者，侵入肌竅；氣之濁者，吸入口鼻；水之毒者，灌於胸腹肺腑，其不死者幾稀矣。」

換言之，此前被貶到儋州來的犯官，幾乎無人生還。

所以，蘇東坡是帶著棺材上路的。

獨立海島之上，四顧水天，茫茫無著，他終於體會到了那種滄海一粟的感覺。

他告訴自己，既然已經將生死榮辱一眼看開，那麼接下來的每一天都是賺來的，眼前的困境與煩憂，也不過是宇宙間的一枚芥子，一粒微塵，不足道也，又何以為懼呢？

剛到儋州時，父子倆寄居在一間破爛的官舍裡，舉目而望，四壁皆空，百物皆無，「食無肉，病無藥，居無室，出無友，冬無炭，夏無寒泉……」且不說餓死，病死，能躲過自然災害，不被孤獨吞沒，就已經很不容易了。

但蘇東坡的可貴之處就在於，他不僅走出了物質的困境，還守護好了自己的精神世界。

七月炎熱，蘇東坡便「杜門默坐，以書自怡」。離開惠州時，他帶了一本《陶淵明集》和柳宗元的幾冊書，然後給親友寫信，將最新的詩詞寄往對岸。

卡繆曾說：「一個人只要學會了回憶，就再不會孤獨，哪怕只在世上生活一日，你也能毫無困難地憑回憶在囚牢中獨處百年。」

而一個人只要還沒有停止寫詩作賦，沒有停止開玩笑，即便身處孤島，他的生活也不會變成荒漠。

五日一見花豬肉，十日一遇黃雞粥。
土人頓頓食藷芋，薦以薰鼠燒蝙蝠。
舊聞蜜唧嘗嘔吐，稍近蝦蟆緣習俗。
十年京國厭肥羜，日日烝花壓紅玉。

——摘自〈聞子由瘦，儋耳至難得肉食〉

來儋州後，蘇東坡瘦了許多。有天他聽說蘇轍也瘦了，馬上寫詩寄到對岸的雷州，告訴弟弟儋州的飲食有多麼單調和「奇葩」。

對了，他的確將榮辱皆忘了，但從未將美食忘懷。

他說，以前吃花豬肉，吃黃雞粥，吃小肥羊，咱們都吃膩了不是？（真的不是吹牛嗎？）子由你是不知道啊，這裡的土著天天吃芋頭，還推薦我吃烤老鼠、燒蝙蝠、用蜂蜜醃漬的老鼠胎盤（蜜唧），我從前對河蝦、蛤蟆之類的都只敢小小嘗試一下的啊！不行不行，我要吐了。

回憶了一下，吐槽了一番，他又不忘開起蘇軾的玩笑來，說遠離美食也有一點好處，那就是：「海康別駕復何為，帽寬帶落驚童僕。相看會作兩臞仙，還鄉定可騎黃鵠。」（再這樣瘦下去的話，要是哪天突然被赦了，我們就可以騎著黃鶴回家鄉了！）

如此，因為太窮，肉食類的山珍海味已成天上浮雲，蘇東坡便發明了一道菜羹，將蔓菁（大頭菜）、蘆菔（蘿蔔）、苦薺同煮，不放任何調料（可能買不起），當水開時，再放入米和豆子一起攪勻，保持大火，直至酥爛，然後就可以享受它們融於一體的自然之味了。又因為他每天都在吃，覺得很有必要讚美一下這道美食：

嗟余生之褊迫[10]，如脫兔其何因。
殷詩腸之轉雷，聊禦餓而食陳。
無芻豢以適口，荷鄰蔬之見分。
汲幽泉以揉濯，搏露葉與瓊根。
爨[11]鉶錡以膏油，泫融液而流津。

10褊迫：見識狹小。褊，音同「扁」。
11爨：音同「竄」，以火燒煮食物。

他感嘆道：在此之前，我的生活真是太窘迫了啊，我就像一隻兔子一樣被趕來趕去，肚子餓得像打雷，只好用陳米來充饑。感謝我的好鄰居，分給我一些蔬菜，給了我製作菜羹的靈感。我汲取山泉，將那菜葉洗得就像美玉一樣，然後點火上灶，放入膏油，熱湯翻滾，如松風呼呼穿過耳朵，滿屋子都是鮮美的氣味……好了，別說了，我的口水已經流出來了。

——〈菜羹賦〉

不過蘇東坡很快就發現了牡蠣——天下竟有如此美味之物！

莎士比亞曾寫過一句話——「世界是我的牡蠣」，身為老饕，蘇東坡食牡蠣，就像用味蕾叩開了一個新的世界。他至死忘不了牡蠣的美味，忘不了那種可繞舌三日的魅力。要如何感謝第一次撬開牡蠣外殼的人呢？他只能多吃為敬了。然後再寫信給惠州的家人：「無令中朝士大夫知，恐爭謀南徙，以分此味……」（牡蠣太好吃了，你們可千萬別讓京城的那幫人知道了啊，我怕到時候他們要爭著南下，跑來跟我搶。）

蘇東坡也經歷過吃陽光過活的艱苦日子。

元符二年（西元一〇九九年）冬天，儋州米價上漲，他已經斷糧幾天了，便決定和蘇過一起試試辟穀之術。

他曾聽說有人被困深井之中，看到青蛙和蛇每天黎明都會仰面吞食朝陽，那人餓極了，也模仿青蛙和蛇的動作，居然真的止住了饑餓，後來獲救也不知饑餓的滋味。但他們應該沒有辟穀成功，只不過是熬過了那段斷糧的時日，要不然，他們又哪能知道椰子的甘甜呢？

有一天，蘇東坡和蘇過在樹下敲椰子吃。他們靠在樹幹上，被陽光包圍著，就像兩顆種子躺在果實的內部，舒適又有安全感。他們之前沒有吃過椰子，覺得椰子就是樹上結的酒，是清甜又不醉人的佳釀。

吃完椰子後，蘇過又突發奇想，做了一頂椰子帽在手中把玩，怎料他的老父親竟喜歡得很，當即就將椰子帽戴在頭上，並想著這麼好玩的椰子帽，一定要給蘇轍寄一個。

於是，在很多個的清晨、黃昏和夜晚，蘇東坡就那樣戴著他的椰子帽招搖過市，穿行鄉里，惹得當地的百姓們哈哈大笑。（真像他的祖父啊。）小孩子們吹著蔥葉唱歌，他也會跟著唱。他採來草藥送給鄉鄰治病，把蒼耳做成藥粉，告訴婦人們，長期食用可以美白皮膚。有七十歲的老嫗說他曾經高官厚祿的日子已經成了一場春夢，他就佯裝生氣，大聲喊人家「春夢婆」。

現在看起來，蘇東坡已經完全適應了島上的生活，何況新來的縣令張中又給他捎來了書和茶葉。

張中是個好人，他仰慕蘇東坡的才華，一到儋州便令人給蘇東坡修理了官舍，還經常來找蘇過下棋。至於蘇東坡，他棋藝很爛，所以，就只有站在一旁看的分了。

可惜張中後來因為幫助蘇東坡，被章惇的手下董必免職，那可能是蘇東坡唯一動怒的一次，他為張中的遭遇而大罵董必是鱉相公。

蘇東坡也隨之被趕出了官舍。

他曾教過當地一些年輕人寫詩，那些人就來幫他蓋房子。在城南的桄榔樹林裡，他們為老師搭建了幾間小茅屋。蘇東坡很滿意他的新居，將其命名為「桄榔庵」。

有時候，他早上起床，就會發現門口的桄榔樹下放著禮物，一小罐牡蠣，或是一塊用蕉葉包裹的新鮮鹿肉。

據說有次蘇東坡和朋友在家裡設灶製墨，沒想到半夜失火，「桄榔庵」險些化為灰燼。第二天清晨，他在餘燼裡覓得幾兩松煤，又用牛皮膠和起來，終於製成了手指大小的墨錠，便興奮地將其稱之為「海南松煤東坡法墨」。

不過蘇東坡不知道，二十年後，當年與他一起製墨的人已經做起了生意，只要聲稱哪一種墨是東坡親傳的製墨祕方，立刻就會被搶售一空。

活水還須活火烹，自臨釣石取深清。
大瓢貯月歸春甕，小杓分江入夜瓶。
雪乳[12]已翻煎處腳，松風忽作瀉時聲。
枯腸未易禁三碗，坐聽荒城長短更。

——〈汲江煎茶〉

蘇東坡酒量不好，棋藝也上不了檯面，但煎茶，他卻是個行家。在儋州，煎茶是他生活美學的一部分，一甌茶，即可撐起一個精神的蒼穹。安定下來之後，他寫了好幾首跟茶有關的詩，每一首都是佳作，其中精緻的古意與淡然的境界，至今仍被茶人們推崇和效仿。

而就在蘇東坡再次以為，此生會在儋州終老的時候，朝廷的局勢又變了。

12雪乳：一作「茶雨」，指煮茶時湯面上浮的乳白色浮沫。

元符三年（西元一一〇〇年）正月，哲宗駕崩，因為沒有子嗣，由其弟端王趙佶繼位，向太后垂簾聽政，二月即大赦天下，解元祐大臣之危。

五月，詔令到達海南，蘇東坡被調往廣西廉州。

百姓們都來桄榔庵與他踐行，手裡拎著他喜歡吃的美食。

他百感交集，含淚寫詩作別：

我本海南民，寄生西蜀州。
忽然跨海去，譬如事遠遊。

——〈別海南黎民表〉

諷刺的是，當年一心想置他於死地的章惇，後來也被貶到了雷州，離儋州僅一水之隔。章惇在雷州想找個房子住，當地的百姓便說：「以前蘇先生到這裡來租房子，章丞相差點拆了我們的家，現在哪裡還敢出租呢？」

果然啊，那句話怎麼說來著，上帝的磨盤轉得很慢，但也轉得很細。

## 天真不泯，誠覺世事盡可原諒

他是個永遠對生活一往情深的人。所以，命運可擊打他，但不能折損他。命運推他入深谷，而他自有蒼穹。

蘇東坡是元符三年（西元一一〇〇年）六月渡海北歸的。他乘坐的是一艘夜航之船，是夜的瓊州海峽，清風拂面，明河在天，碧波朗朗，似是吉兆。

不過蘇東坡不知道，自己的好運氣能持續多久，畢竟政風多變，天子還未親政。章惇曾以一句「端王輕佻，不可君天下」斷送了相位，但蘇東坡相信他的話，因為內心狠辣的人，目光也必定狠辣。

渡海之後，蘇東坡與同在嶺南的秦觀匆匆見了一面。只是宦途相見如參商，這對多年未見的師友也有著太多的身不由己，很快就要各赴前路。

秦觀很傷感，他在詞中寫道：「南來飛燕北歸鴻，偶相逢，慘愁容。綠鬢朱顏，重見兩衰翁。別後悠悠君莫問，無限事，不言中。」

歲月真是不饒人，曾經美如冠玉的「山抹微雲君」也老了，與蘇東坡分開時，他站在盛夏的烈日之下，卻是滿襟秋寒，彷彿預知了自身的命運。

一個多月後，秦觀在藤州遊光華亭時，口渴想要喝水，等僕人將水送到，他竟閉目而去，年僅五十二歲。他一生坎坷，心事淒涼，或許與歲月、病痛都無關，奪去他性命的，正是外放的孤獨、仕途的失意以及他骨子裡不斷滲出來的哀怨與幽冷。

當時，蘇東坡正在廉州貶所，一朝重逢成永別，他聽聞秦觀去世的消息，好些天都食不下嚥。

八月，蘇東坡收到一道詔令，朝廷要把他調去永州。然而就在前往永州的路上，又一道新詔令下來了：「復朝奉郎，提舉成都府玉局觀，外軍州任便居住。」

對於滿身風雨的蘇東坡來說，這真是一個好消息，他自由了。

而在此之前，蘇轍也收到了差不多的詔令，便帶著家人去了許昌定居。

「嗟余寡兄弟，四海一子由」，蘇東坡非常高興，他終於可以踐行那個「風雨對床」

的約定了。他想著，在廣州與家人會合之後，就立刻去跟蘇轍做鄰居。

建中靖國元年（西元一一〇一年）早春，大庾嶺。

七年前，蘇東坡曾越過此嶺，到達生死茫茫的南國，如今，重歷舊地，曹溪的泉水依舊甘甜清冽，嶺上的古木依舊翠綠幽深，雲霧依舊在山頂繚繞，鳥鳴依舊滴滴答答落在野花上，他竟如同南柯太守剛從大槐樹邊醒來。

七年來往我何堪，又試曹溪一勺甘。
夢裡似曾遷海外，醉中不覺到江南。

——〈過嶺〉

七年一夢，煙雨平生，那一刻，他心底的風霜彷彿也可以輕輕拂去。

到達虔州，贛水正逢枯水期，蘇東坡一家數十口便只能在江邊暫居下來，等待雨季通航。

在這兩個多月的時間裡，蘇東坡算是真正提前享受了夢寐以求的退休歲月，日子過得非常悠哉。

當時城裡有一場瘟疫，蘇東坡就免費去給當地的百姓看病，他覺得是一種快樂。但很快有人認出他來，大家紛紛跟他討要墨寶，他也從來不會拒絕。

不久後，他還在虔州遇到了曾經的元祐同事劉安世。

劉安世，字器之，是一名剛正的諫官，平生不苟言笑，際遇與蘇東坡相似，一遭流放，便是七年。這次北返，他一見到蘇東坡就忍不住感嘆道：「浮華豪習盡去，非昔日子瞻也。」

蘇東坡哈哈一笑：「器之依然鐵石人也。」

蘇東坡還喜歡訪寺，喜歡去深山聽禪，但劉安世雖喜歡聽禪，卻不愛遊山。

有一天，蘇東坡想與劉安世結伴同遊，便告訴劉安世，山中來了一位玉版長老：「器之，好天氣，宜參禪，要不要一起呀？」

劉安世果然肯出門了。

他們來到山中，正逢一大片竹筍破土而出。蘇東坡提議，就地採筍，野餐一頓再趕路。於是兩人便席地而坐，烤筍烹茶。

良久，滿口生香的劉安世問蘇東坡：「咦，這筍叫什麼名字，吃起來真是特別美味呢。」

蘇東坡說：「他的名字叫玉版啊。」

劉安世說：「這麼巧，與我們今天要見的長老同名！」

蘇東坡說：「對啊，玉版長老善說法要，最是解『禪』（饞）嘛！」

然後又吟出一首詩來：

叢林真百丈，法嗣有橫枝。
不怕石頭路，來參玉版師。
聊憑柏樹子，與問籜龍兒。
瓦礫猶能說，此君那不知。

——〈器之好談禪，不喜遊山，山中筍出，戲語器之可同參玉版長老，作此詩〉

劉安世恍然大悟，不禁笑著說：「哎呀，我看錯了，你分明還是從前的蘇子瞻啊！」

可見，時間雖然能夠移山倒海，但有些人骨子裡的趣味，內心裡的格局，性情裡的曠達，都不會改變。

「浮雲世事改，孤月此心明。」所謂洞穿世事，天真不泯，蘇東坡正是如此。

是年三月下旬，蘇東坡與劉安世各自帶著家眷，同船離開虔州。

五月一日，蘇家人抵達金陵。

但就在這個春天，被稱之為「宋代三大賢后」之一的向太后去世了，徽宗已正式親政，宰相也換成了曾布。曾布為人陰險，素來與元祐黨人相忌，又覬覦相位多年，在章惇失勢的時候，曾極力排擠，翻出舊帳，落井下石。

這樣的人，顯然比章惇更可怕。

而朝堂風向的轉變，也改變了蘇東坡前去與蘇轍相會的計畫。

他覺得是上天想讓他們兄弟分開。而且，他實在不想再捲入京城的是非，或者說，他已經嗅到了危險的味道。

在寫給蘇轍的信中，他說：「頗聞北方事，有決不可往潁昌（許昌）近地居者。事皆可信，人所報，大抵相忌，安排攻擊者眾。北行漸近，決不靜爾。」

還有一點，他不想累及親友，尤其是蘇轍。之前秦觀的死，帶給了他很大的精神衝擊，他想如果秦觀不是他的門人，以他的才華與個性，仕途應該會平順許多，便不至於鬱鬱而終。

所以，他決定遠離京師（包括與京師相鄰的許昌），先到常州落腳，想著在那裡還有幾畝薄田，只要勤以耕種，平安度日完全沒問題。如此，蘇邁和蘇迨便先去常州租屋打點，待家務安排妥當後，再來真州（今江蘇省儀徵市）相迎家人。

在真州時，蘇東坡還與朋友去了一趟金山寺，並在李公麟所畫的蘇東坡畫像上題了一首詩：

心似已灰之木，身如不繫之舟。
問汝平生功業，黃州惠州儋州。

——〈自題金山畫像〉

這首詩是蘇東坡留在世間的不朽之作，有少年的性情，也有老僧的境界。從這首詩也可以看出，他對仕途失望過，但從未對生活失望過。黃州惠州儋州，都是被他的仕途拋棄的地方，但他落進了生活的核心。

他是個永遠對生活一往情深的人。

所以，命運可擊打他，但不能折損他。

命運推他入深谷，而他自有蒼穹。

這時，讓蘇東坡「功成」惠州和儋州的章惇卻被流放雷州。

蘇東坡突然有些難過。

又不知道自己在難過些什麼，或許是為了年輕時的同窗之情、同僚之義和那些肝膽相照的時刻，或許是為了曾經他入獄烏臺時，章惇在皇帝面前的公正之言，或許是為了他不能及的章惇的心氣、剛狠和想要出人頭地的不易。

他寫信給章惇的外甥黃寔（黃寔也是蘇轍的親家）：「子厚得雷，聞之驚嘆彌日。海康地雖遠，無瘴癘，舍弟居之一年，甚安穩。望以此開譬太夫人也。」

他說雷州沒有瘴癘，蘇轍在那裡住了一年，一切平安，希望黃寔可以多多開解和安慰他的母親，也就是章惇的姊姊。

不久後，蘇東坡又收到了章惇的兒子章援寫來的信，洋洋千言，情意懇切，請求蘇東坡可以原諒他的父親，因為當時有傳言說，蘇東坡即將回朝擔任宰相。

蘇東坡讀到信後，竟十分欣喜。

只不過，他欣喜的是：「真是好文采啊！這文筆，都足以比肩司馬遷了……不愧是我蘇東坡的學生。」

他好像忘記了，他的這個學生，曾經在自己的父親迫害自己的老師時，從未發過一言，也從未為老師寫過隻字片語。

但蘇東坡很快回信了：

伏讀來教，感嘆不已。某與丞相定交四十餘年，雖中間出處稍異，交情固無增損也。聞其高年寄跡海隅，此懷可知。但以往者更說何益，惟論其未然者而已。主上至仁至信，草木豚魚所知也……又丞相知養內外丹久矣，所以未成者，正坐大用故也。今茲閒放，正宜成此，然可自內養丹，切不可外服物也。某在海外，曾作〈續養生論〉一首，甚願寫寄，病困未能，到毗陵，定疊檢獲，當錄呈也。所云穆卜，反覆究繹，必是誤聽，紛紛見及已多矣，得安此行為幸，幸更徐聽其審……

他告訴章援，他不僅不會報仇，還要給章惇寄去養生的祕方。

章援收到信後，慚愧至極，並將這封信視若珍寶，傳於子孫。很多年後，還有人在章家後人的府中見到過蘇東坡的這封回信，據說信後正是蘇東坡自作的養生藥方，而章家也一直將這封信當成傳家之物，只有貴客才能有緣目睹蘇公筆下溢出的氣度與風流。

而這個時候蘇東坡給章援回信的落款日期是六月十四，據他離世的時間，已經不到兩個月。

在信中他也有對章援透露自己的病情，估計是為了進一步寬慰其心：

又見今病狀，死生未可必，自半月來，日食米不半合，見食即先飽，今且歸毗陵，聊自憩，此我里，庶幾且少休，不即死。書至此，困憊放筆，太息而已。

說到底，章援還是看錯，也看輕他的老師了。

蘇東坡不是章惇，不會挾私報復誰，更不會嫉恨誰。甚至可以說，蘇東坡從未記恨過章惇。多年前，他可以與王安石一笑泯恩仇，現在，他自然也可以將七年的流放生涯披沙揀金，然後對著那些坎坷的流沙，一笑而過。

至於那個說他就要去做宰相的傳言，蘇東坡覺得太搞笑了，搞笑得都有些傷人了。怎麼說呢，就算他依舊健朗如初，青雲不墜，如今奸人當道的朝堂，還真心配不上他蘇東坡。

蘇東坡是在真州生病的。

六月炎夏，每天烈日當空，吃住都在船上，河水也汙穢不堪，日夜薰蒸，加之蚊子如雷，通宵難眠，「通旦不交睫，端坐飽蚊子耳」，他又經歷萬里舟車，身心勞頓不堪，便患了痢疾。

六月初四，蘇東坡病倒的第二天，他粒米未進，只讓家人去買黃芪，他認為自己只需吃些黃芪來補氣固表。

吃完黃芪後，蘇東坡感覺好多了。

但接著他又染上了瘴毒，持續腹瀉，腸胃功能完全紊亂了，漸漸便不能起身。

當時在真州逗留的米芾得知他生病，馬上頂著大太陽來看他，還帶來了一種用麥門冬熬製的藥湯。

蘇東坡感動極了，遂寫詩記錄：

一枕清風直萬錢，無人肯買北窗眠。

開心暖胃門冬飲，知是東坡手自煎。

——〈睡起聞米元章冒熱到東園送麥門冬飲子〉

六月十二日，蘇東坡病情稍穩定，便告別米芾，繼續前行，渡江循運河去常州。他躺在船艙裡，非常虛弱，身穿一件小褂，消瘦的手臂露在外面。看到運河兩岸的百姓熱情地向他打招呼，便坐起身來微笑致意：「這樣的厚意，真是折殺我蘇東坡了。」

三天後，蘇東坡到達常州，相交多年的老朋友錢濟明來接他，並為他租好了房子。蘇東坡見到錢濟明便說：「我在海南時，已經完成了《易傳》、《書傳》、《論語說》三部書稿，現在託付給你，還請先不要公開，以免引來禍端，三十年後，自然能得遇知音。」

後來發生的事證實了蘇東坡的先見之明。

他去世一年後，蔡京即拜相，元祐黨人也遭遇橫禍，關於蘇東坡的所有文章，都成了違禁品。

崇寧五年（西元一一〇六年）正月，汴京的天空出現了一顆彗星，隨之雷電劈中「元祐奸黨」碑，石碑頓時一分為二。有術士向皇帝進言，說蘇東坡一死就被玉帝聘請到天宮去擔任文相了。皇帝深信不疑，趕緊令人將另一塊碑毀掉。

他去世不出五年，文章在京城就已價值千金。

七十年後，南宋的孝宗皇帝在臨安徹夜未眠地讀蘇東坡，追封蘇東坡為「文忠公」，並悵憾而嘆：「王佐之才可大用，恨不同時。」

九百多年後，流失日本的蘇東坡畫作〈枯木怪石圖〉現身佳士得拍賣行，起價已達四億港元（約新臺幣十七億元）……

而彼時，建中靖國元年的七月，蘇東坡的病情卻越來越嚴重。

七月十二日，蘇東坡經歷過一次迴光返照。

那天，他感覺自己精神又回來了，又能提筆寫作了，便寫了一篇〈跋桂酒頌〉送給錢濟明。錢濟明看到，他因為可以提筆寫作，眼睛裡又恢復了往昔的光亮。

但到了七月十四日，蘇東坡的病情又急劇惡化，他徹夜發燒，牙床出血，體力全失，藥石無醫。

他知道自己的大限已經到來了。

這時家人都在他的身邊，錢濟明每天都來看他，他曾經結交的僧人維琳也從杭州趕了過來。

十八日，他告訴親友們，不必為他的死感到悲傷，他相信自己一輩子沒有做過壞事，死後肯定可以免受地獄輪迴。也不必為他哭泣，他希望可以平靜坦然地離開這個世界。南渡北歸，人生一場大夢。他說：「我只有一件憾事，那就是沒能見到子由。」

七月二十八日，蘇東坡氣若游絲，已經到了彌留之際，但神志依舊清明。親友們都圍繞在他身邊。維琳則貼在他的耳邊說：「你現在可以想一想西方的極樂世界了。」

蘇東坡低聲回應：「西方或許是有，但不可強求。」

錢濟明也貼近他的耳邊說：「那你更要盡力呀。」

「盡力就不對了。」這是蘇東坡留在世上的最後一句話。

按照蘇東坡的遺願，蘇轍為他撰寫了墓誌銘，並將他與王閏之合葬在許昌附近的嵩山。

他的門生李廌為他寫下祭文：「道大不容，才高所累。」

黃庭堅大慟而哭：「挾以文章妙天下，忠義之氣貫日月。」

相傳百姓都在集市上相聚而哭，君子們都在家中悲痛祭奠。無論賢者還是愚人，大家都會為蘇子的離世嘆息流淚。

然而，縱人間萬般不捨，蘇東坡還是走了。

這個遍歷山河的千古風流人物，這個嬉笑怒罵皆文章的士子，這個世間最有趣的靈魂，這個滿心浩然正氣，一肚子不合時宜的官員，終究是卸下了紅塵的一身疲憊，乘風歸去，化作天上的星光，與歲月同在。

是夜，仰望天空，漫天星河璀璨，穹頂如筵席。

若蒼茫宇宙真有不朽英靈，想必九天之外，瓊樓之間，他喜歡的莊子、陶淵明、韓愈、李白……已在那裡溫酒等待。

國家圖書館出版品預行編目(CIP)資料

我只是個有趣的凡人：蘇東坡 / 紀雲裳著. -- 初版. --
新北市：晶冠出版有限公司, 2021.09
面； 公分. -- (新觀點；21)
ISBN 978-986-06586-5-1(平裝)

1.(宋)蘇軾 2.傳記

782.8516 110013591

新觀點 21

# 我只是個有趣的凡人：蘇東坡

作　　者　紀雲裳
行政總編　方柏霖
責任編輯　王逸琦
封面設計　柯俊仰
內頁排版　李純菁
出版企劃　晶冠出版有限公司
總 代 理　旭昇圖書有限公司
電　　話　02-2245-1480（代表號）
傳　　真　02-2245-1479
郵政劃撥　12935041 旭昇圖書有限公司
地　　址　235 新北市中和區中山路二段 352 號 2 樓
E-MAIL　s1686688@ms31.hinet.net
旭昇悅讀網　http://ubooks.tw
印　　製　福霖印刷有限公司
定　　價　新台幣 350 元
出版日期　2021 年 09 月 初版一刷
ISBN-13　978-986-06586-5-1

作品名稱：《蘇東坡傳：我只是個有趣的凡人》
作者：紀雲裳
本書經新世界青春（北京）文化傳媒有限責任公司授權，由晶冠出版有限公司出版繁體中文版本。